高校实验室安全基础教程

GAOXIAO SHIYANSHI
ANQUAN JICHU JIAOCHENG

李文杰 ◎ 主编
黄妙龄　王名宫 ◎ 副主编

化学工业出版社
·北京·

内 容 简 介

《高校实验室安全基础教程》全面介绍了高等学校实验室的基本安全知识，在概述高校实验室安全教育的重要性与意义、高校实验室的特点、事故类型与预防等的基础上，重点阐述了危险化学品安全知识、实验室安全操作规范、消防安全知识、实验室电气设备安全知识、实验室废弃物的处理等内容，每章配有相应的练习题，并在书后集中给出答案。同时，本教材还配套典型实验室事故案例，对事故原因进行了详细分析，对事故教训进行了深刻总结。

本书既可作为高等院校化学、生物、物理、机械等理工科相关专业的实验室安全课程的教材，也可作为实验室一线工作人员和管理人员掌握安全知识、培养安全习惯、提高安全素养的参考书。

图书在版编目（CIP）数据

高校实验室安全基础教程/李文杰主编；黄妙龄，王名宫副主编．—北京：化学工业出版社，2024.7
ISBN 978-7-122-45619-9

Ⅰ.①高⋯　Ⅱ.①李⋯　②黄⋯　③王⋯　Ⅲ.①高等学校-实验室管理-安全管理-教材　Ⅳ.①G642.423

中国国家版本馆 CIP 数据核字（2024）第 094354 号

责任编辑：张　艳　　　　　　文字编辑：陈小滔　李　静
责任校对：王　静　　　　　　装帧设计：王晓宇

出版发行：化学工业出版社
　　　　　（北京市东城区青年湖南街 13 号　邮政编码 100011）
印　　装：北京天宇星印刷厂
787mm×1092mm　1/16　印张 10¼　字数 244 千字
2024 年 7 月北京第 1 版第 1 次印刷

购书咨询：010-64518888　　　　　售后服务：010-64518899
网　　址：http://www.cip.com.cn
凡购买本书，如有缺损质量问题，本社销售中心负责调换。

定　　价：39.80 元　　　　　　　　　　　　　版权所有　违者必究

前　言

高等学校实验室是学校开展教学、科研活动的重要场所。随着高校科研水平的提高及学科建设的迅速发展，实验室建设投入不断增加，实验室规模不断增大。与此同时，实验室安全面临着巨大的压力，安全事故时有发生，在社会上造成了一定的不良影响。党的二十大报告指出，高质量发展是全面建设社会主义现代化国家的首要任务。实验室安全是高校高质量发展的重要前提。加强实验室安全教育是高校实验室建设的首要任务。高校实验室具有人员流动大、探索性实验多、仪器设备和危险化学品数量及种类多的特点，存在许多安全隐患。绝大部分安全事故发生的首要原因是实验人员安全意识淡薄、疏忽大意，其次是实验人员安全操作技能欠缺。

教育部在《高等学校实验室安全检查项目表（2023年）》中，对实验室管理责任体系、规章制度、宣传教育，实验室基础设施、场所，生物、化学、辐射、机电、特种设备等都做了全面而明确的安全规范要求。在安全管理和安全意识的培养上做到了有法可依、有据可查。本书的重点放在对实验人员的安全知识和安全操作技能的培养上。全书共有六章，包括绪论、危险化学品安全知识、实验室安全操作规范、消防安全知识、实验室电气设备安全知识、实验室废弃物的处理。本书既可作为理工科相关专业的实验室安全课程的教材，也可作为实验室一线工作人员和管理人员掌握安全知识、培养安全习惯、提高安全素养的参考书。

本教材具有以下特点。①本教材中融入思政元素，强化课程的教育性。将国内外发生的典型安全事故案例与教材中相应的内容联系起来，具体问题具体分析。对案例的发生原因、处置过程、处置方法进行总结与反思。让学生在安全事故中获得经验与教训，总结如何在实验过程中规范化操作和规避危险。提升学生的安全意识，防患于未然。②将安全事故预防演练方案融入本教材中，提高师生对突发事件的应急处置能力，确保在突发事件来临时能有组织、快速、高效、有序地安全疏散；提高风险现场指挥员的组织能力、配合能力，通过演练活动培养学生听从指挥、团结协作的精神。③在每一章后都附有练习题，"以练促学、以练促记、以练促用"，将实验室安全意识和素养根植到工作生活的行为习惯中。

本书是泉州师范学院化工与材料学院长期从事实验室工作的教师们共同努力的成果。第一章、第二章主要由黄妙龄编写；前言、第三章、第四章、第五章、附录主要由李文杰编写，第六章主要由王名宫编写。张晓艳、郑志福、林晓敏也参与了部分章节的编写工作。全书由李文杰、黄妙龄审核，李文杰统稿。感谢泉州师范学院教务处对本书的编写给予立项支持！

由于实验室安全知识体系非常庞杂，专业性强，限于编者的专业知识水平，文中难免存在疏漏和不妥之处，敬请读者批评指正。

主编

2024年5月

目　录

第一章　绪论

一、高校实验室安全教育的意义 …………………………………… 001
　（一）高校实验室安全教育的内涵 ………………………………… 001
　（二）高校实验室安全教育的重要性与必要性 …………………… 001
二、高校实验室的特点 ……………………………………………… 003
三、高校实验室常见安全事故 ……………………………………… 004
　（一）高校实验室常见的安全事故类型 …………………………… 004
　（二）高校实验室常见安全事故的起因 …………………………… 006
四、实验室安全事故的预防 ………………………………………… 007
　（一）高校化学实验室人员应具备的基本素养 …………………… 007
　（二）高校化学实验室安全保障措施 ……………………………… 008
五、练习题 …………………………………………………………… 009

第二章　危险化学品安全知识

一、危险化学品的概念和分类 ……………………………………… 012
二、危险化学品简介 ………………………………………………… 013
　（一）爆炸性物质 …………………………………………………… 013
　（二）压缩、液化、加压溶解气体 ………………………………… 016
　（三）易燃液体 ……………………………………………………… 018
　（四）易燃固体、易于自燃物质、遇水放出易燃气体的物质 …… 021
　（五）氧化性物质和有机过氧化物 ………………………………… 024
　（六）毒性物质和感染性物质 ……………………………………… 027
　（七）腐蚀性物质 …………………………………………………… 030
　（八）放射性物质 …………………………………………………… 033
　（九）杂项危险物质和物品 ………………………………………… 033
三、危险化学品的安全管理与个人防护 …………………………… 033
　（一）危险化学品存储的注意事项 ………………………………… 033
　（二）化学品的安全管理流程 ……………………………………… 035
　（三）危险化学品的个人防护 ……………………………………… 036
四、化学品泄漏的控制和处理 ……………………………………… 039
　（一）化学品泄漏危险程度的评估 ………………………………… 039
　（二）化学品泄漏的一般处理程序 ………………………………… 039
　（三）实验室化学品泄漏处理方法 ………………………………… 040
五、化学灼伤及化学中毒的应急处理 ……………………………… 041
　（一）引起化学灼伤的原因和症状 ………………………………… 041
　（二）化学灼伤的紧急处理方法 …………………………………… 042
　（三）化学品急性中毒的应急处理 ………………………………… 042
六、练习题 …………………………………………………………… 045

第三章 实验室安全操作规范

一、化学实验基本操作规范 ·· 050
 （一）重结晶与减压过滤的操作规范 ······················· 050
 （二）蒸馏与减压蒸馏的操作规范 ··························· 051
 （三）水蒸气蒸馏的操作规范与安全 ······················· 052
 （四）回流反应的操作规范 ······································· 054
 （五）搅拌装置的操作规范 ······································· 055
 （六）液体萃取、洗涤与干燥的操作规范 ··············· 056
 （七）真空系统的操作规范 ······································· 058

二、生物实验基本操作 ·· 059
 （一）高压灭菌锅的安全使用操作规范 ··················· 059
 （二）电炉的安全使用操作规范 ······························· 059
 （三）玻璃器皿的清洗操作规范 ······························· 060
 （四）消毒和灭菌的操作规范 ··································· 062
 （五）生物安全柜的操作规范 ··································· 065

三、典型反应的危险性分析及安全控制措施 ···················· 065
 （一）氧化反应 ··· 065
 （二）还原反应 ··· 066
 （三）硝化反应 ··· 067
 （四）氯化反应 ··· 068
 （五）重氮化反应 ··· 068
 （六）烷基化反应 ··· 069
 （七）磺化反应 ··· 070
 （八）聚合反应 ··· 071
 （九）催化反应 ··· 072
 （十）裂化反应 ··· 072
 （十一）其他典型反应 ··· 073

四、反应过程突发情况的一般处理方法 ···························· 074
 （一）处理突发情况的基本原则 ······························· 074
 （二）反应过程中突发情况产生的原因 ··················· 075

五、练习题 ·· 076

第四章 消防安全知识

一、消防安全基础知识 ·· 080
 （一）燃烧 ··· 080
 （二）爆炸 ··· 081

二、灭火常识 ·· 083
 （一）常见的消防安全标志 ······································· 083
 （二）实验室常见的灭火器及使用方法 ··················· 086
 （三）常见的实验室火灾的类型、处置办法及注意事项 ······ 087

三、实验室火灾预防 ·· 088

　　　　　（一）实验室常见火灾产生原因 …………………………………… 088
　　　　　（二）实验室火灾预防 …………………………………………… 089
　　四、灭火与逃生演练 ……………………………………………………… 091
　　　　　（一）任务简介 …………………………………………………… 091
　　　　　（二）任务目标 …………………………………………………… 092
　　　　　（三）演练内容 …………………………………………………… 092
　　五、案例分析 ……………………………………………………………… 095
　　　　　（一）油浴燃烧事故 ……………………………………………… 095
　　　　　（二）溶剂着火 …………………………………………………… 095
　　　　　（三）宿舍着火 …………………………………………………… 096
　　六、练习题 ………………………………………………………………… 096

第五章 实验室电气设备安全知识

一、实验室用电安全 ………………………………………………………… 102
　　（一）实验室电气设备的安全配置 …………………………………… 102
　　（二）实验室安全用电常识和注意事项 ……………………………… 104
　　（三）触电急救措施与方法 …………………………………………… 105
二、实验室常见设备及其使用安全 ………………………………………… 106
　　（一）实验室常见仪器设备及可能引发的事故种类 ………………… 106
　　（二）玻璃仪器 ………………………………………………………… 107
　　（三）高压装置使用安全 ……………………………………………… 109
　　（四）高温装置使用安全 ……………………………………………… 114
　　（五）低温装置使用安全 ……………………………………………… 117
　　（六）高能高速装置使用安全 ………………………………………… 119
　　（七）机械设备使用安全 ……………………………………………… 121
三、练习题 …………………………………………………………………… 122

第六章 实验室废弃物的处理

一、实验室废弃物的分类及危害 …………………………………………… 125
　　（一）实验室废弃物的分类 …………………………………………… 125
　　（二）实验室废弃物的危害 …………………………………………… 125
二、实验室废弃物的一般处理原则和程序 ………………………………… 127
　　（一）处理实验废弃物的原则 ………………………………………… 127
　　（二）处理实验废弃物的一般程序 …………………………………… 128
三、化学实验室废弃物的处理 ……………………………………………… 129
　　（一）化学污染源的控制 ……………………………………………… 129
　　（二）化学实验室废弃物的处置与管理 ……………………………… 130
　　（三）收集和储存化学危险废物 ……………………………………… 130
　　（四）化学实验室废弃物减害化处理方法 …………………………… 131
　　（五）常见化学实验室废弃物的减害处理方法 ……………………… 133

四、生物安全实验室废弃物的处理 ……………………………………… 135
  （一）生物安全实验室废弃物处理的原则 ……………………… 135
  （二）生物安全实验室废弃物的处理和丢弃程序 ……………… 136
  （三）可高压处理的物品分类及高压处理前的准备 …………… 137
五、放射性污染与放射性废物的处理 ……………………………………… 137
  （一）放射性污染的处理 ……………………………………… 137
  （二）放射性废物的管理与处置 ……………………………… 138
六、练习题 …………………………………………………………………… 139

附录
附录一 化学实验室安全守则 ………………………………………… 144
附录二 常用化学试剂及与之不相容化学品表 ……………………… 145
附录三 常见化学品中毒症状和急救方法 …………………………… 147

练习题答案 ………………………………………………………………… 151

参考文献 …………………………………………………………………… 153

第一章

绪　论

一、高校实验室安全教育的意义

高校实验室作为实践教学的基地,是从事实验教学、科学研究、生产试验、技术开发及技术服务的实体,是全面培养学生实验能力、专业技能和提升创新与创业能力的重要场所,是"培养适应新世纪我国现代化建设需要的具有创新精神、实践能力和创业精神的高素质人才"的主要领域,也是衡量学校综合实力、办学条件和管理水平的重要标志。随着高等学校的快速发展、办学规模的不断扩大,实验室安全问题也日益凸显。近年来,高等学校实验室安全事故频出,轻则造成实验仪器、设施损毁,导致实验终止,重则导致实验人员伤亡,造成不良的社会影响,因此,加强高等学校实验室安全工作已是刻不容缓。通过教育与宣传让实验者提高自身的安全意识,同时通过形式多样的教育培训使实验者具备基本的实验室安全知识、环保知识、安全技能及事故应急能力,把安全第一的观念变为个人的自觉行动。

(一) 高校实验室安全教育的内涵

高校实验室安全涉及人身、化学品、防火防爆、用水用电、实验操作、仪器设备、辐射、危险废物处置及环保、病原微生物、科研成果保密、物质财产的防盗等诸多方面。实验室安全教育涵盖了实验室安全文化与管理、实验室安全基本知识、实验室安全技术培训和实践及环保教育等,是高等学校实验室建设与管理的重要组成部分,也是校园安全教育与文化的重要组成部分。

(二) 高校实验室安全教育的重要性与必要性

1. 高校实验室安全的重要性

教育以学生为主体,以教师为主导。"以人为本,安全至上"是教学科研工作的灵魂。人的生命是最宝贵的社会财富,而人身安全则是人不同需求层次中最基本和最重要的一项。在高校实验室安全建设中,保障人员的生命安全与健康是一切工作的出发点和立足点。因此，实验室必须首先建立一个安全的教学和科研实验环境，降低实验过程中发生灾害的风险，确保师生的安全与健康。

高校担负着教学和科研两大任务。高校实验室是完成实验教学任务的重要基地，也是科技创新的主要场所。实验室安全是保证高校教学、科研工作顺利开展的前提条件。由于实验室自身功能的特殊性，不仅存在各种涉及水、电、气、高温、高压、低温、真空、高速、强磁、辐射等危险因素的仪器设备，往往还存放有大量易燃、易爆、有毒、有害的化学、生物药品或试剂，在客观上自身的不安全因素较多。在人员、设施、管理上稍有疏忽就可能发生实验室安全事故。一旦出现安全事故，教学或科研工作会立即中断或终止，仪器、资料可能被损毁，造成重大财产损失，师生人身安全可能受到威胁。只有在安全、稳定、和谐的实验环境下，师生才能精力充沛地投入教学和科研创新工作中。

随着我国高等教育事业的迅猛发展和高等教育投入的不断增加，高校实验室呈现出设备、药品、技术密集的特点，各种贵重、先进的仪器越来越多。从事实验的学生人数大幅增加，实验项目也不断增加，实验室的开放性和人员流动性不断增强，而实验人员的安全素质参差不齐，实验室安全管理人员相对较少，管理水平相对滞后，这些因素都使实验室的安全问题更加复杂严峻。在 2012 年教育部发布的《高等学校"十二五"科学和技术发展规划》中明确指出"高等教育是科技第一生产力和人才第一资源的结合点"，要"进一步强化高校的基础研究主体地位和在知识创新体系建设中的重要作用"，要"建设一批学科综合的高水平研究院和国家实验室""建设一批关键共性技术研发重大平台""建设一批国家工程（技术）研究中心、国家工程实验室"等。高校作为科研创新的主体，其基础地位日益凸显，科学研究实验本身具有探索性和未知性，且具有潜在的危险性。只有保证实验室安全，减少实验研究的工作风险，保障实验人员和仪器设备安全，才能实现高校实验室科技创新基地的功能，使国家财产免于损失，保证国家科技战略的实施。

2. 高校实验室安全教育的必要性

实验室的功能特点决定了在其间开展活动具有一定的风险。实验人员作为实验室活动的主要实施者或参与者，必须具备一定的责任意识、安全知识和应变技能，才能消除日常工作中的安全隐患，减少意外的发生，或在意外发生之后能够合理应对、化险为夷。因此，必须将实验室安全教育作为实验室准入制度的前置环节。系统的实验室安全教育可以唤起实验室人员的安全意识和责任感，使其掌握相关的安全知识和技能，促使其养成科学、健康、安全的实验室行为习惯。

（1）实验室安全教育是保障实验室安全的关键措施

调查研究发现，近年来国内高校大多数实验室安全事故的根本原因在于实验者安全意识淡薄，思想麻痹大意，缺乏实验室安全的必要知识及技能，甚至进行违规操作。如果在进入实验室之前对实验者进行严格、全面的实验室安全教育，使其有足够的安全意识并具备必要的安全知识和技能以及事故防范能力，就能最大限度地避免实验室安全事故的发生，保障实验室安全顺利运转。因此，开展实验室安全教育是确保实验室安全的必要环节和关键措施，实验室管理部门应认真做好安全教育工作。

（2）实验室安全教育是提高学生安全素质和构建安全文化的迫切需求

安全素质是学生综合素质的重要组成部分。我国的高等教育体系提倡素质教育,一些学校也没有把提高学生的安全素质列入教学计划。近些年来发生的各类安全事故就暴露出安全文化教育的缺失。学生在安全事故中缺乏安全逃生、科学施救的知识和技能已成为一个普遍存在的问题。因此,高校有必要通过开展安全教育提高学生的安全素质,形成良好的校园安全文化氛围。学生将来走上社会后,也会把安全文化融入安全观念、安全行为、安全管理中,使自己受益终身,对国家也有非常重要的意义。据《中国青年报》社会调查中心对数千名大学生的在线调查结果显示,77.5%的大学生赞成高校开设安全教育类课程,82.9%的人认为应当进行应对突发事件的演习。这也反映了大学生对于安全教育的迫切需求。安全教育关系到全民安全素质的提高,高校实验室安全教育是大学生安全素质培养的必然需求。

(3) 实验室安全教育是国家法律法规的要求

在"以人为本,安全第一,预防为主"的指导思想下,安全教育已经逐步纳入制度化轨道。作为安全隐患诸多、安全事故多发的场所,实验室的安全教育更是重中之重。为保证人身及财产安全,保护环境,国家出台了一系列安全环保政策法规,如:《中华人民共和国安全生产法》《中华人民共和国放射性污染防治法》《中华人民共和国固体废物污染环境防治法》《危险化学品安全管理条例》《易制毒化学品管理条例》《生物安全实验室建筑技术规范》《实验室生物安全通用要求》等。教育部和国家教育委员会还颁布了《高等学校实验室工作规程》《国家教育委员会关于加强学校实验室化学危险品管理工作的通知》等文件。这些法律、法规、规章为高等学校实验室安全与环境治理工作提供了依据,也为高等学校制定相应的规章制度及实施细则提供了重要指南,表明我国越来越重视高校安全教育工作。

(4) 实验室安全教育是新形势下教育国际化的要求

在我国经济迅速发展的新形势下,高等教育快速发展,高等教育事业的国际化步伐也在加快,国际交流日益频繁,这顺应了社会对高等教育日益增长的需求。然而国内高校实验室安全教育发展滞后于整体教育的发展,尤其是与实验室安全教育体系较为成熟完善的发达地区和国家的高校相比,整体水平存在明显差距。这也要求国内高校加强实验室安全教育,构建一个科学的、长效的实验室安全教育体系,适应教育国际化的趋势。

二、高校实验室的特点

在高校的理工类专业培养计划中,实验、实训和实践课程的比例非常高。以化学类专业的培养计划为例,实验课程包括无机化学、分析化学、有机化学和物理化学等多门基础实验课程,另外还设有各类专业化学实验课程,实验课程门类非常多。除了本科教学中的化学实验课程外,化学类研究生教育中很多研究成果都必须通过实验获得,大量的探索性科研实验集中在化学实验室中进行,安全问题更多地来自实验室研究人员。高校化学实验室主要具有以下四个特点。

(1) 化学品种类繁多,具有危险性

化学实验室中经常使用的化学品包括各种常见溶剂和化学试剂,种类繁多,性质各异。大部分有机溶剂都易燃,部分化学试剂会自燃,比如黄磷、丁基锂,存在火灾隐患;部分化学试剂易爆，比如三硝基甲苯；一些化学试剂有毒，比如氰化钾；还有一些试剂有腐蚀性，比如各种无机强酸。教学实验室在购买试剂时，可以通过统筹调整，避免部分高危试剂的使用，比如在做安息香辅酶合成时，采用维生素 B_1 替代氰化钾，虽然这会导致实验成本增加，却能大幅降低实验危险性。然而，科研实验室由于研究人员众多，研究项目和课题各不相同，实验内容多变，导致所使用的化学试剂类型非常多，包括一些剧毒的、不常见的试剂，比如四氧化锇、三硝酸铊和硫酸二甲酯等。因此，科研实验室具有更高的试剂危险性。

（2）化学实验装置和设备种类多

化学实验室中要使用许多装置和设备，其都有安全操作要求，设备使用过程存在安全隐患，人员使用前需要进行专门的培训和学习。教学实验室设备类型相对简单安全，但是普遍数量较多，可能导致电路过载。此外，学生多对设备不熟悉，指导教师需要有较高的业务能力和较强的责任心。科研实验室设备种类非常多，会使用到很多具有危险性的设备和装置，比如反应釜、高压灭菌锅、无水试剂处理装置、酒精喷灯、气瓶等。因此，对科研实验室设备的管理和使用有很高的要求。

（3）产生的废气、废液和废弃物多

化学实验会产生大量的废液和废弃物，而且很多实验室的废液很难做到分类收集，废液成分复杂，处理难度大，容易造成环境污染问题。废液和废弃物处理不及时或者处理不当也极易引发安全问题。很多化学实验会产生有毒有害气体，比如使用硝酸作为氧化剂时，经常会在反应过程中产生二氧化氮气体，具有强烈的刺激性，在实验过程中要设置吸收有毒气体的装置。此外，化学实验经常会产生大量的废旧试剂，也需要按规定进行回收和处理。

（4）人员流动性大

化学作为一门重要的基础课程，在很多专业的培养体系中都是必修课程，比如环境科学、生命科学、材料科学及农学相关专业等。现在很多高校提出按大类培养本科生，势必将进一步导致更多专业的学生需要学习化学类课程，包括化学实验课程。而大部分学校的化学课程均由化学学院来承担，这就导致化学学院的本科教学实验室要承担大量的实验教学工作，学生类型多、批次多、人员流动较大。科研实验室以研究生为主体，还有每年进行科研训练的本科生，人员流动也相对频繁，这给高校化学实验室的安全管理工作带来很大挑战。

三、高校实验室常见安全事故

（一）高校实验室常见的安全事故类型

由于高校化学实验室的特点，导致其容易发生安全事故，事故类型主要有火灾、爆炸、毒害污染、细菌或病毒感染、机械电气伤人等。

1. 火灾

火灾是化学实验室最常见的事故。导致火灾的原因主要有两个。一个是化学品火灾，主要是由化学品使用或储存不当引起的。许多化学品具有易燃易爆性，一旦发生火灾，火势迅猛，难以控制，危害性大。比如石油醚、乙醚、乙醇等常用有机溶剂都非常容易燃烧，一些化学试剂会发生自燃，或者遇水剧烈燃烧等。另一个是电气火灾，占实验室火灾的大多数。过载、短路、设备过热及违规操作是这类火灾发生的主要诱因。很多实验设备功率大，或者仪器台数多，很多化学实验室线路老化而且改造困难，一旦出现电路过载或者短路，极易引发火灾。此外还有因操作不慎或违规吸烟使火源接触易燃物导致的火灾等。

事故案例：2019年2月27日凌晨0时42分，江苏省某大学教学楼内一间实验室发生火灾，原因是夜间实验室电源未关闭，导致电路火灾，烧毁3楼热处理实验室内办公物品，并通过外延通风管道引燃5楼楼顶风机及杂物。

2. 爆炸

爆炸事故多发生在具有易燃易爆化学品或存有压力容器的实验室，具有突然性，极易造成重大伤亡。主要类型有可燃气体爆炸、化学品爆炸、活泼金属爆炸、高压容器爆炸、粉尘爆炸等。导致这类事故的主要原因有如下几点。

① 操作不当，引燃易燃蒸气导致爆炸。
② 搬运时使爆炸品受热、撞击、摩擦等引起爆炸。
③ 易燃易爆药品储存不当，造成泄漏引发爆炸。
④ 高压装置操作不当或使用不合格产品引发物理爆炸。
⑤ 在密闭或狭小容器中进行反应，反应产生的热量或大量气体难以释放导致爆炸。
⑥ 加错试剂，形成爆炸反应或形成爆炸混合物，引发爆炸。
⑦ 用普通冰箱储存闪点低的有机试剂引发冰箱爆炸。
⑧ 实验室火灾事故引发的爆炸。

事故案例：2018年12月26日，北京某大学环境工程实验室发生一起爆炸事故。事故起因是学生在垃圾渗滤液污水处理科研实验中，使用搅拌机对镁粉和磷酸进行搅拌，反应过程中料斗内产生的氢气被搅拌机转轴处金属摩擦、碰撞产生的火花点燃发生爆炸，继而引发镁粉粉尘爆炸，爆炸引起周边镁粉和其他可燃物燃烧，造成现场3名学生死亡的严重后果。

3. 毒害污染

毒害性事故多发生在化学实验室，有毒药品或反应产生的有毒物质泄漏、外流是导致这类事故的主要原因，包括如下几种情况。

① 使用有毒试剂时，疏于防护或违规操作造成的急性或慢性中毒。
② 操作失误造成的中毒。
③ 设备老化、故障及违规操作导致有毒物质泄漏引起的中毒污染事故。
④ 排风不畅引起的有毒气体中毒污染。
⑤ 管理不善引起有毒物质外泄造成的污染和被犯罪分子用于投毒引发的毒害事故等。
⑥ 环保观念淡漠，随意排放实验废液、废气及固体废物造成的环境污染等。

事故案例：2013年4月，上海某大学一位研究生遭他人投毒后死亡，投毒药品为剧毒化学品 N-二甲基亚硝胺。这就是属于化学药品管理不善引起有毒物质外流造成的毒害事故。2008 年中国科学院上海有机化学研究所某博士生在使用过氧乙酸的时候，没有戴防护镜，结果药品溅入眼睛致使双眼受损，这属于疏于防护造成的事故。

4. 细菌或病毒感染

感染性事故多发生在生物或医药学实验室，主要有细菌或病毒感染、传染事故，外源物或转基因生物违规释放对生物多样性、生态环境及人体健康产生潜在危害等。这类事故一旦发生，对人体健康及生活环境将产生极大的危害作用。引发这类事故的主要原因是实验人员的疏忽、仪器老化故障以及对实验废弃物处理不当等。

事故案例：2014 年，美国某生物安全防护级别较高的实验室有 86 名工作人员接触高致死率炭疽杆菌。事故原因是一名实验人员在灭活炭疽杆菌时犯错，误以为已经灭活病菌，导致其他人员在无意中接触活体炭疽杆菌。

5. 机械电气伤人

机械电气伤人事故多发生在有高速旋转或冲击运动的机械实验室，或有带电作业的电气实验室。如：由于操作不当或缺失防护，造成挤压、甩抛及碰撞伤人；违规操作、设备老化或设备故障造成的触电事故等。

事故案例：2011 年 4 月 13 日，美国某大学天文物理学专业女生米歇尔在位于实验楼地下的机械室操作车床时，头发被车床绞缠，最终导致"颈部受压迫窒息身亡"。

6. 其他实验室安全事故

实验室还有可能发生实验操作不当引起的烫伤、割伤、冻伤、化学灼伤等人身伤害，或违规操作造成的设备损坏、放射性辐射等事故，以及管理不善造成的污染、物品失窃、信息资料被盗、网络被黑客攻击等安全事故。

事故案例：2013 年，日本的核物理实验室发生放射性物质泄漏事故。据报道，受辐射的人员至少 4 人，最多可能达 55 人，事故是由设备故障引起的。

（二）高校实验室常见安全事故的起因

根据博德（Frank Bird）提出的现代事故因果连锁理论，事故的直接原因是人的不安全行为和物的不安全状态，基本原因是个人因素和工作条件，本质原因则是管理缺陷。实验室安全事故发生的原因可从人的不安全因素、物的不安全因素（指实验室的不安全环境）以及管理问题及缺陷三方面分析。

1. 人的不安全因素

人的不安全因素在实验室安全事故中占绝大多数。主要包括实验室中从事教学科研的师生和实验室人员安全意识淡薄，缺乏安全知识或技能，不遵守操作规程，不正确、不规范操作，不当的个人防护，不良的实验习惯，行为动机不正确，生理或心理有问题等因素。

2. 物的不安全因素

实验室涉及的物的不安全因素包括实验室规划设计不合理，设备密集，危险化学品、生物试剂较多等。部分实验室还存在设施陈旧，设备、线路老化，实验室安全应急设施缺乏等因素。

3. 管理问题及缺陷

管理上的问题主要体现在两方面：一方面是安全管理制度不完善，奖罚不明；另一方面则是管理人员少、不专业，或管理人员本身安全责任认识不够，对安全管理工作敷衍了事。

近年来，高等学校实验室建设步伐在不断加快，开放力度不断加大，但相应的实验室安全管理制度及安全操作规程却没有及时根据实验室的发展而调整完善，针对新情况的具体管理细则缺失，使实验室安全的某些方面出现了管理盲区。高等学校的迅速扩招，实验室的新建、扩建使实验室工作人员紧缺，有时只能聘请临时工或学生等非专业人员管理实验室，他们缺乏相应的安全知识和技能，为实验室安全留下隐患。此外，缺乏事故责任追究制度，对安全事故奖惩不明，也使相关人员对安全工作不重视，流于形式。

四、实验室安全事故的预防

人的不安全行为或物的不安全状态是事故的直接原因，必须加以追究。但是，它们只不过是其背后深层原因的征兆和管理缺陷的反映。只有找出深层次的、背后的原因，改进实验室管理方式，才能有效地防止事故。对待实验室中的安全隐患，不能抱任何侥幸心理。实验室工作要始终坚持"以人为本，安全第一，预防为主"的基本原则，采取切实有效的措施，健全管理制度和操作规章，完善管理队伍建设，提升管理水平，加强管理，奖惩分明；改善硬件设施条件，消除实验室环境中物的不安全因素；而最重要和关键的措施，则是加强实验人员的安全教育工作，消除人的不安全行为。

（一）高校化学实验室人员应具备的基本素养

在实验室安全事故的发生和预防中，人为因素占据主要地位。要想有效地预防实验室安全事故，首先必须开展有效的实验室安全教育工作，通过教育与宣传让实验者提高自身的安全意识，同时通过形式多样的教育培训，使实验者具备基本的实验室安全知识、环保知识、安全技能及事故应急能力，以提高其安全素质，把"安全第一"的观念落实为个人的自觉行动，进而培育整个实验室乃至校园的安全文化。因此，高校化学实验室人员应具备如下基本素养：

① 具备良好的安全意识。
② 牢记人身安全第一。
③ 了解一般的应急救护措施。

④ 掌握实验室废弃物的基本处理方法。

（二）高校化学实验室安全保障措施

要减少化学实验室安全事故，必须提高实验人员对实验室安全的重视程度。同时，实验室应做到规范管理，实验室的安全管理原则就是要做到防患于未然，消除安全隐患，把安全工作做在前面。

1. 严格遵守实验室安全管理制度

实验室安全管理制度的建立是实验室安全管理过程中非常重要的环节，化学实验室应该按照国家相关规定和相关管理办法，结合各单位化学实验室的具体特点，制定严格有效的实验室安全管理制度及实施细则。加大实验室安全管理工作的力度，切实落实各项管理制度，要求进入实验室的人员务必遵守实验室安全管理制度（附录一 化学实验室安全守则）。

2. 建立完善的实验室安全责任体系

各级单位需要层层落实安全责任制，明确每个岗位和人员的职责，建立完善的评价及追责机制。高校必须成立由校长负责、分管副校长领导的专门机构来实现对实验室安全工作的统一组织和领导，构建职责明确的学校、职能部门、学院和实验室四级安全管理责任体系（见图1-1）。一旦出现问题能追责到具体人员，提高管理者和实验人员的责任心。

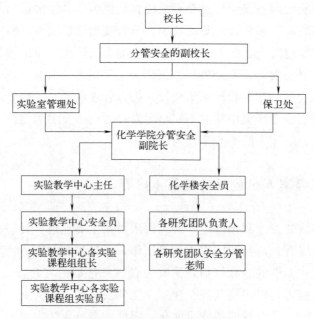

图1-1 高校化学实验室安全管理责任体系

3. 严格执行安全培训及实验室安全准入制度

实际上，大多数安全事故都是由人员操作失误或者疏忽造成的，事故发生后经常由于处置不当导致事态扩大。因此,加强对人员的培训对于化学实验室安全来说是极为重要的。通过多次组织专业消防安全知识培训及安全演练,可大幅增强师生的安全意识及对事故紧急处理的能力。近年来,很多高校都实行了实验室安全准入制度,考试合格后签订安全责任书,然后参加学校统一组织的安全培训,之后才能进入化学实验室进行学习。

4. 实验室设计及布局要合理

化学实验室应该按照化学专业类实验室规范和标准进行设计,设计时要考虑化学实验的特点及专业要求。要注意通风系统,避免毒气吸入事故的发生,应急逃生通道、安全通道应该畅通,消防设施要齐全,要采用双路供电,定期进行电路检查等。

5. 严格执行分类存放化学危险品制度

设立专门的化学品库房,根据化学危险品的性质进行分区、分类、分库储存,且应注意各类化学品的储存环境。各类危险品不得与禁忌物混合储存,每一类危险品均应该有明显标志。使用废液安全柜存放实验室产生的化学废液、过期化学品、废旧特殊化学试剂等有害物质。气瓶应该存放于气瓶柜内。

6. 建立实验室应急预案

为了最大限度地减少化学实验室突发事件对实验室工作人员和环境的危害,降低其造成的社会影响,必须建立化学实验室应急预案。实验室应该配备急救箱和应急救援设备,要制定实验室发生火灾甚至爆炸等严重危害事故时的应急处理方案,也要评估恶劣气候、地震、停电以及其他自然灾害或人为灾难发生时实验室的承受能力,并做好相应的准备工作。建立与当地消防部门和其他应急反应部门的协调机制,加强工作人员训练,每年进行一次应急反应演习。

做好化学实验室安全工作是化学及其相关学科进行正常科研工作和人才培养的重要保障,也是创建平安和谐校园的重要内容。实验室管理者务必牢固树立"防微杜渐,警钟长鸣"的思想,认真抓好化学实验室安全管理工作,采取切实有效的管理方式,杜绝实验事故的发生。

五、练 习 题

(一) 判断题

1. 经验丰富且实验操作熟练的老师、博士生或高年级的硕士生做实验时为了提高效率,可根据经验灵活处理,不用死板遵守实验室规则。(   )
2. 高等学校教育不同于中学教育,特别是高校理工科专业培养计划中实验、实训和实践课程比例非常高。(   )

3. 高校化学实验室化学品种类繁多，具有危险性，但是人员相对固定，做好一批实验人员的培训就可以很多年不用培训。（　　）

4. 建立完善的实验室安全责任体系是保障实验室安全的重要措施之一。（　　）

5. 化学实验室应该按照化学专业类实验室规范和标准进行设计，设计时要考虑化学实验的特点及专业要求。（　　）

6. 实验室安全管理的原则就是要做到防患于未然，消除安全隐患，把安全工作做在前面。（　　）

7. 实验室废弃物均由有资质的公司统一处理，实验人员不需要掌握处理方法。（　　）

8. 火灾是高校化学实验室常见的安全事故。（　　）

9. 实验室发生安全事故时要勇于担当，不能逃跑，否则会导致事态进一步扩大。（　　）

10. 严格执行安全培训及实验室安全准入制度能够减少实验室安全事故的发生。（　　）

（二）单选题

1. 需要经过实验室安全教育培训的人员范围有哪些？（　　）
   A. 新入学研究生　　　B. 博士后　　　C. 实验室新进教职工
   D. 进入实验室工作和学习的所有学生、博士后、外协人员

2. 关于进入高校化学实验室人员的基本要求，不正确的是（　　）。
   A. 具备良好的安全意识　　　　　　B. 必须是熟练的实验人员
   C. 牢记"安全第一"　　　　　　　　D. 了解一般的应急救护措施

3. 高校化学实验室常见的安全事故包括（　　）。
   A. 火灾　　　　　B. 爆炸　　　　　C. 人身伤害　　　　　D. 以上都是

4. 几乎绝大部分的安全事故均由（　　）造成。
   A. 人员安全意识不足、疏忽大意　　B. 线路老化
   C. 操作失误　　　　　　　　　　　D. 管理不善

5. 关于实验室安全责任体系叙述错误的是（　　）。
   A. 各级单位需要层层落实安全责任制
   B. 一旦出现问题能追责到具体人员
   C. 不需要职能部门参与，学院直接对学校负责
   D. 能够提高管理者和实验人员的责任心

（三）多选题

1. 高校化学实验室主要具有（　　）的特点。
   A. 化学品种类繁多，具有危险性　　B. 化学实验装置和设备种类多
   C. 产生的废气、废液和废弃物多　　D. 人员流动性大

2. 实验室安全管理的主要内容包括（　　）。
   A. 掌握基础理论　　　B. 健全管理系统　　　C. 完善规章制度

D. 加强安全教育　　　　　E. 坚持安全检查

3. 高校化学实验室安全保障措施包括（　　）。

A. 严格遵守实验室安全管理制度

B. 建立完善的实验室安全责任体系

C. 严格执行安全培训及实验室安全准入制度

D. 对实验室设计及布局没有严格要求

4. 安全培训及实验室安全准入制度的作用是（　　）。

A. 增强人员安全意识　　　　　　　　B. 提高人员处理事故的能力

C. 减少安全事故发生　　　　　　　　D. 没有明确作用

5. 实验室安全教育的目的是（　　）。

A. 提高实验室人员的安全意识，充分认识实验室安全的重要性

B. 使实验室人员掌握基本的安全知识，从而能安全、有效地进行工作

C. 为了安全评比取得好成绩

第二章
危险化学品安全知识

现代社会的每一个人都生活在化学物质的包围中，其中有相当部分的化学物质具有反应性、燃爆性、毒性、腐蚀性、致畸性、致癌性等。若对化学品缺乏安全使用知识，在化学品的生产、储存、运输、废弃物处置中防护不当，则有可能发生损害健康、威胁生命、破坏环境和损毁财产的事故。高等学校实验室中常常会涉及各种危险化学品的使用，从许多事故案例分析来看，发生事故的原因主要是管理和使用人员缺乏相关的基础知识，不了解危险化学品的特性，不遵守操作规程或对突发事故处理不当。了解危险化学品的分类、特性、储存和使用等知识，学习掌握危险化学品的知识，对预防与化学品相关的实验室事故具有非常重要的作用。

一、危险化学品的概念和分类

一般说来，危险化学品是指具有毒害、腐蚀、爆炸、燃烧、助燃等性质，对人体、设施、环境具有危害的剧毒化学品和其他化学品。危险化学品性质各异，危险性不同，而且有些危险化学品不只具有一种危险性，但其多种危险性中必有一种表现最为突出。所以，应根据其主要危险性进行分类，以便于管理和采取相应的安全对策。

由于化学品种类和数目不断增加，为协调世界各国化学品统一分类及标记制度，国际劳工组织（ILO）、经济合作与发展组织（OECD）、联合国危险物品运输专家委员会（UN-CETDG）共同建立了《全球化学品统一分类和标签制度》（GHS）。2003年7月经联合国经济及社会理事会会议决定正式采用GHS，并且受权将其翻译成联合国官方语言以在全世界范围内使用。GHS建立的对危险化学品的危害性分类定级的标准方法，旨在对世界各国不同的危险化学品分类方法进行统一，最大限度地减少危险化学品对健康和环境造成的危害，是指导各国控制化学品危害和保护人类与环境的规范性文件。我国现行的危险化学品分类标准有《危险货物分类和品名编号》（GB 6944—2012）和《化学品分类和危险性公示 通则》（GB 13690—2009），这两个标准在技术内容方面分别与GHS和《联合国关于危险货物运输的建议书规章范本》相一致。

《危险货物分类和品名编号》将化学品按其危险性或最主要的危险性划分为9个类别。这9个类别分别为：①爆炸品；②气体；③易燃液体；④易燃固体、易于自燃的物质和遇水放出易燃气体的物质；⑤氧化性物质与有机过氧化物质；⑥毒性物质和感染性物质；⑦放射性物质；⑧腐蚀性物质；⑨杂项危险物质和物品，包括危害环境物质。

《化学品分类和危险性公示　通则》按理化危险、健康危险和环境危险将化学物质和混合物分为 28 个危险性类别，具体见表 2-1。

表 2-1 《化学品分类和危险性公示 通则》（GB 13690—2009）对危险化学品的分类

理化危险	健康危险	环境危险
爆炸物	急性毒性	急性水生毒性
易燃气体	皮肤腐蚀/刺激	慢性水生毒性
易燃气溶胶	严重眼损伤/眼刺激	—
氧化性气体	呼吸或皮肤致敏	—
压力下气体	生殖细胞致突变性	—
易燃液体	致癌性	—
易燃固体	生殖毒性	—
自反应物质或混合物	特异性靶器官系统毒性（一次接触）	—
自燃液体	特异性靶器官系统毒性（反复接触）	—
自燃固体	吸入危险	—
自热物质和混合物	—	—
遇水放出易燃气体的物质或混合物	—	—
氧化性液体	—	—
氧化性固体	—	—
有机过氧化物	—	—
金属腐蚀剂	—	—

二、危险化学品简介

（一）爆炸性物质

1. 定义和分类

凡是受到撞击、摩擦、震动、高热或其他因素的激发，能产生激烈的变化并在极短的时间内放出大量的热和气体，同时伴有声、光等效应的物质均称为爆炸性物质。爆炸性物质按组成可分为爆炸化合物和爆炸混合物。

爆炸化合物具有一定的化学组成，在分子中含有某种活性基团（又称作爆炸基团），这些基团结构中多含有双键、二键或键长较长的单键，化学键活性高，不稳定，在外界能量的作用下很容易被活化，发生爆炸反应。对震动敏感的爆炸性化合物包括乙炔类化合物（如乙炔亚汞），叠氮类化合物（如叠氮化铅），氮的卤化物（如三碘化氮），硝酸酯类，含多个硝基的化合物，高氯酸盐（尤其是重金属的高氯酸盐，如高氯酸钌、高氯酸铱），有机过氧化物及结构中带有重氮、亚硝基、臭氧基团的化合物，等等。

爆炸混合物是由两种或两种以上爆炸化合物，或性质不相容的两种化合物经机械混合而成的，例如硝铵炸药是以硝酸铵为主要成分的粉状爆炸性机械混合物，是由硝酸铵加入还原剂、有机物、易燃物（如硫、磷或金属粉末）等构成的；黑火药的成分是木炭、硫黄和硝酸钾；光照可引发氢气和氯气的混合气体爆炸；在酸、碱存在下，丙烯醛会发生爆炸性的聚合反应；等等。

2. 危险特性

爆炸性物质在不同状态下具有相应的化学、物理、生物、环境等方面的危险特性。了解并掌握这些危险特性是进行识别、预防、消除危害的基础。

（1）爆炸性强

爆炸性物质都具有化学不稳定性，在一定外界因素的作用下，会进行快速、猛烈的化学反应，一般在万分之一秒内完成化学反应，并放出爆炸能量。

（2）敏感度高

热、火花、撞击、摩擦、冲击波、光静电、特定的催化剂或杂质等都可能引发爆炸品的爆炸反应，不同爆炸品的敏感度是不同的。决定爆炸品敏感度的内在因素是它的化学组成和结构，影响敏感度的外在因素有温度、杂质、结晶、密度等。爆炸品的爆炸需要外界供给一定的能量，即起爆能。一些化合物的起爆能非常低，十分敏感，稍有不慎即可引发爆炸。例如雷酸银，稍经触动即能发生爆炸。

（3）毒害性

很多爆炸品具有一定毒性。有些爆炸品在发生爆炸时还可以产生 CO、HCN、CO_2、NO 等有毒或窒息性气体，可从呼吸道、食道，甚至皮肤等进入体内，引起中毒。

（4）着火危险性

很多爆炸品是含氧化合物或是可燃物与氧化剂的混合物，受激发能源作用发生氧化还原反应导致分解燃烧，而且着火不需外界供给氧气。

（5）吸湿性

有些爆炸品具有较强的吸湿性，受潮或遇湿后会降低爆炸能力，甚至无法使用。

（6）见光分解性

某些爆炸品受光后容易分解，如叠氮化银、雷酸汞。

（7）化学反应性

有些爆炸品可与某些化学试剂发生反应，生成爆炸性更强的危险化学品。

3. 实验室中常见的爆炸品

（1）高氯酸盐或有机高氯酸化合物

高氯酸盐主要用作火箭燃料、烟火中的氧化剂和安全气囊中的爆炸物。多数高氯酸盐可溶于水，因此在实验室中被广泛用于无机合成或金属有机合成。一般高氯酸盐对热和碰撞并不敏感，但许多重金属的高氯酸盐、有机高氯酸盐、有机高氯酸酯、高氯酸肼、高氯酸氟等极易爆炸。在还原性物质存在的情况下，操作任何一种高氯酸化合物均具有潜在的爆炸可能，因此操作时必须谨慎。近年来已发生多起实验室高氯酸类物质爆炸的事故，如某研究所化学工程师进行高氯酸与有机化合物共热实验时发生爆炸，造成该工程师爆炸性耳聋的事故。

(2) 硝酸酯类或含硝基的有机化合物

硝酸酯类物质及含多个硝基的有机化合物燃爆危险性大，许多该类化合物被用作炸药。如硝酸甘油、硝化棉、乙二醇二硝酸酯及黄色炸药三硝基甲苯（TNT）和苦味酸（TNP、PA）等。曾经发生过在蒸馏硝化反应物的过程中，当蒸至剩余很少残液时，突然发生爆炸的实验事故。因为蒸馏残物中含有的多硝基化合物，具有爆炸性，故不能过分蒸馏。

硝化丙三醇又名甘油三硝酸酯、硝化甘油，白色或淡黄色黏稠液体，低温易冻结，熔点13℃，不溶于水，混溶于乙醚、丙酮、乙醇、硝基苯、吡啶、乙酸乙酯等。冻结的硝化甘油机械感度比液态的要高，处于半冻结状态时，机械感度更高。故硝化甘油受暴冷暴热、撞击、摩擦及遇到火源时，均有引起爆炸的危险。硝化甘油与强酸接触能发生强烈反应，引起燃烧爆炸，因此，应避免硝化甘油与氧化剂、活性金属粉末、酸类接触。少量吸入该物质即可引起剧烈搏动性头痛，吸入较大量时产生低血压、抑郁、精神错乱。该物质对水生生物有毒，可能对水生环境造成长期不利影响。

三硝基苯酚又名苦味酸，为黄色块状或针状结晶，无臭，有毒，味极苦，熔点122～123℃，闪点150℃（CC），能溶于乙醚、苯及乙醇。该物质对皮肤的刺激性很强，浓溶液能使皮肤起泡，亦能引起结膜炎、支气管炎或支气管肺炎。长期接触该物质，可引起头痛、头晕、恶心、呕吐、食欲减退、腹泻和发热等症状。苦味酸受摩擦、撞击及遇到火源时极易爆炸；与强氧化剂接触可发生化学反应；与金属粉末能发生化学反应生成金属盐，增加敏感度。应将苦味酸储存于阴凉、干燥、通风的爆炸品专用库房，远离火源、热源。

(3) 叠氮化合物

有机和无机叠氮化合物均为叠氮酸衍生物。叠氮酸的重金属盐，如叠氮化银（AgN_3）、叠氮化铅 [$Pb(N_3)_2$] 具有高度爆炸性。叠氮化铅对撞击极为敏感，是起爆剂的重要成分。一般碱金属的叠氮酸盐无爆炸性，如叠氮化钠，遇水会分解，释出水解产物叠氮酸（HN_3）。烷基叠氮化合物在室温下较稳定，但加热易爆炸，温度升高可分解释放出叠氮酸。芳基叠氮化合物为有色、相对稳定的固体，撞击时易爆炸，熔化时可分解释放出叠氮酸。叠氮化钠易和铅或铜发生急剧反应，生成易爆炸的金属叠氮化合物。

(4) 重氮化合物

重氮化合物是一类由烷基与重氮基（—N≡N—）相连接而成的有机化合物，如重氮甲烷、重氮乙酸乙酯。重氮化合物大多具有爆炸性，且多数有毒，对皮肤、黏膜等有刺激性。重氮化合物与碱金属接触或高温时可发生爆炸。常用的重氮化合物有重氮甲烷（CH_2N_2），CH_2N_2在有机合成上是一个重要的试剂，能够发生多种类型的反应，非常活泼，具有爆炸性，而且是种有毒的气体，所以在制备及使用时要特别注意安全，反应时必须用光洁的玻璃仪器，不能使用磨口玻璃，因为玻璃磨口接头能引发重氮甲烷的爆炸性分解。

4. 爆炸品储存和使用

爆炸品在爆炸瞬间能释放出巨大的能量，使周围的人和建筑物受到极大的伤害和破坏，因此在使用和储存时必须高度重视，严格管理，应注意以下几点。

① 储存爆炸品应有专门的仓库，分类存放。仓库应保持通风，远离火源、热源，避免阳光直射，与周围的建筑物有一定的安全距离。

② 储存爆炸品的库房管理应严格贯彻执行"五双"管理制度，即做到双人领取、双人使用、双人管理、双把锁、双账本。

③ 使用爆炸品时应格外小心，轻拿轻放，避免摩擦、撞击和震动。

5. 爆炸品火灾的扑救

爆炸品发生火灾后应迅速查明发生爆炸的可能性和危险性，采取措施防止爆炸的发生。在人身安全确有保障的前提下，应迅速组织力量及时清理着火区域周围的易燃、易爆品。

爆炸品着火可用大量的水进行扑救，水不但可以灭火，还可以使爆炸品吸收大量的水分，降低敏感度，逐步失去爆炸能力。但要防止高压水流直接射向爆炸品，以防冲击引起爆炸品爆炸。

爆炸品着火不能用沙土压盖，因为如用沙土压盖，着火产生的烟气无法散去，使内部产生一定压力，从而更易引起爆炸。

（二）压缩、液化、加压溶解气体

1. 定义和分类

危险气体是指符合下列两种情况之一者：①温度小于或等于50℃时，其蒸气压大于291kPa的压缩和液化气体；②温度在21.1℃时气体绝对压力大于275kPa，或在51.4℃时气体绝对压力大于715kPa的压缩气体；或37.8℃下，雷德蒸气压（Reid vapour pressure）大于274kPa的液化气体或加压溶解气体。按危险特性可将危险气体分为易燃气体、有毒气体和非易燃无毒气体三类。

（1）易燃气体

易燃气体指在20℃、101.3kPa下，体积分数占其与空气的混合物的13%或更少时，可点燃的气体；或不论易燃下限如何，与空气混合，燃烧范围的体积分数至少为12%的气体。此类气体极易燃烧，与空气混合能形成爆炸性混合物。在常温常压下遇明火、高温即会发生燃烧或爆炸。实验室中常见的可燃性气体有氢气、甲烷、乙烷、乙烯、丙烯、乙炔、环丙烷、丁二烯、一氧化碳、甲醚、环氧乙烷、乙醛、丙烯醛、氨、乙胺、氰化氢、丙烯腈、硫化氢、二硫化碳等。

（2）有毒气体

有毒气体指具有毒性或腐蚀性，对人体健康造成危害的气体。常见的有毒气体有光气、溴甲烷、氰化氢、磷化氢、氟化氢、氧化亚氮等。

（3）非易燃无毒气体

该类气体是指在20℃时，不低于280kPa压力下的压缩或冷冻的，除上述两类气体外的其他气体，包括窒息性气体和氧化性气体。这类气体中的氧化性气体指能提供比空气更能引起或促进气体材料燃烧的气体（如纯氧等），为助燃气体，遇油脂能发生燃烧或爆炸。窒息性气体则会稀释或取代空气中的氧气，在高浓度时对人有窒息作用，如氨气、二氧化碳、惰性气体等。

2. 危险特性

（1）膨胀爆炸性

压缩气体和液化气体是把气体经高压压缩贮藏于钢瓶内。无论是哪类气体处于高压下时，在受热、撞击等作用时均易发生物理爆炸。

（2）易燃易爆性

常用的压缩气体和液化气体中，超过半数是易燃气体。与易燃液体、固体相比，易燃气体更易燃烧，燃烧速度快，着火爆炸危险性大。

（3）对人体的危害性

压缩、液化及加压溶解气体中的绝大多数气体对人体健康具有危害性，如毒性、刺激性、腐蚀性或窒息性。

（4）氧化性

危险气体很多具有氧化性，包括含氧的气体，如氧气、压缩空气、臭氧、一氧化二氮、二氧化硫、三氧化硫等；还包括不含氧的气体，如氯气、氟气等。这些气体遇到还原性气体或物质（如多数有机物、油脂等）易发生燃烧爆炸。在储存、运输和使用中要将这些气体与其他可燃气体分开，并远离有机物。

（5）扩散性

气体由于分子间距大，相互作用力小，所以非常容易扩散。比空气轻的气体在空气中容易扩散，易与空气形成爆炸性混合物；比空气重的气体往往沿地面扩散，聚集在沟渠、隧道、房屋角落等处，长时间不散，遇着火源发生燃烧或爆炸。

3. 实验室常见气体及其性质

（1）氧气

氧气是强烈的助燃气体，高温下纯氧十分活泼。温度不变而压力增加时，可以和油类发生急剧的化学反应，并引起发热自燃，进而产生强烈爆炸。氧气瓶一定要防止与油类接触，瓶身严禁沾染油脂，并避免让其他可燃性气体混入，禁止用（或误用）盛有其他可燃性气体的气瓶来充灌氧气。氧气瓶禁止放于阳光暴晒的地方，应储存在阴凉通风处，远离火源，避免阳光直射。

（2）氢气

氢气密度小，易泄漏，扩散速度很快，易和其他气体混合。氢气与空气的混合气极易引起自燃自爆，燃烧速度约为 2.7m/s。在高压条件下的氢和氧，能够直接化合，因放热而引起爆炸。高压氢、氧混合气体冲出容器时，由于摩擦发热，或者产生静电火花，也可能引起爆炸。氢气瓶应单独存放，最好放置在室外专用的小屋内，以确保安全，严禁放在实验室内，严禁烟火。

（3）乙炔

乙炔是一种无色无味气体，微溶于水，溶于乙醇、丙酮、氯仿、苯，混溶于乙醚。闪点-17.7℃（DC），爆炸极限为2.5%～82%。乙炔极易燃烧爆炸，与空气混合可形成爆炸性的混合物，遇火源能引起燃烧爆炸。与氧化剂接触发生猛烈反应。能与铜、银等的化合物生成爆炸性物质。乙炔对人体具有弱麻醉作用，急性中毒可引起不同程度的缺氧症状，如头痛、头晕、全身无力等。吸入高浓度乙炔，初期表现为兴奋、多语、哭笑无常，后期眩晕、头痛、恶心和呕吐，严重者昏迷、发绀、瞳孔对光反应消失。

乙炔气体钢瓶应储存在通风良好的库房里，竖立放置，严禁在地面上卧放。库房温度不宜超过30℃，应远离火源、热源，防止阳光直射，与氧化剂、酸类、卤素分开存放。

4. 气瓶储存和使用注意事项

① 应远离火源和热源，避免受热膨胀而引起爆炸。
② 性质相互抵触的应分开存放，如氢气与氧气钢瓶等不得混放。
③ 有毒和易燃易爆的气体钢瓶应放在室外阴凉通风处。
④ 钢瓶不得撞击或横卧滚动。
⑤ 在搬运钢瓶过程中，必须给钢瓶配上安全帽，钢瓶阀门必须旋紧。
⑥ 压缩气体和液化气体严禁超量灌装。
⑦ 使用前要检查钢瓶附件是否完好、封闭是否紧密、有无漏气现象。如发现钢瓶有严重腐蚀或其他严重损伤，应将钢瓶送到有关单位进行检验。钢瓶超过使用期限，不准延期使用。

5. 气体火灾的扑救

① 首先应扑灭外围被火源引燃的可燃物，切断火势蔓延途径，控制燃烧范围。
② 扑救压缩气体和液化气体火灾时切忌盲目灭火。即使在扑救周围火势过程中不小心把泄漏处的火焰扑灭了，在没有采取堵漏措施的情况下，也必须立即用长的点火棒将火点燃，使其稳定燃烧。否则大量气体泄漏出来与空气混合，遇火源就会发生爆炸，后果不堪设想。
③ 如果火场中有压力容器或有受到火焰热辐射威胁的压力容器，应尽可能将压力容器转移到安全地带，不能及时转移时应用水枪进行冷却保护。
④ 如果是输气管道泄漏着火，应设法找到气源阀门，将阀门关闭。
⑤ 堵漏工作做好后，即可用水、干粉、二氧化碳等灭火剂进行灭火。

（三）易燃液体

1. 分类

易燃液体是指闪点不大于93℃的液体。
《化学品分类和标签规范 第7部分：易燃液体》（GB 30000.7—2013）将易燃液体按其闪点划分为以下四类。

① 第1类：闪点小于23℃且初沸点不大于35℃，如乙醚、二硫化碳等；
② 第2类：闪点小于23℃且初沸点大于35℃，如甲醇、乙醇等；
③ 第3类：闪点不小于23℃且不大于60℃，如航空燃油等；
④ 第4类：闪点大于60℃且不大于93℃，如柴油等。

2. 危险特性

（1）易燃性

易燃液体的闪点低，燃点也低（高于闪点1~5℃），在常温下接触火源，极易着火并持续燃烧。易燃液体燃烧是通过其挥发的蒸气与空气形成可燃混合物，达到一定的浓度后遇火源而实现的，实质上是液体蒸气与氧发生的氧化反应。由于易燃液体的沸点都很低，易燃液体很容易挥发产生易燃蒸气，其着火所需的能量极小，因此，易燃液体都具有高度的易燃性。

（2）蒸气的爆炸性

多数易燃液体沸点低于100℃，具有很强的挥发性，挥发出的蒸气易与空气形成爆炸性混合物，当蒸气与空气的比例在爆炸极限范围内时，遇火源会发生爆炸。挥发性越强的易燃液体，其爆炸危险性就越大。

（3）受热膨胀性

易燃液体和其他液体一样，也有受热膨胀性。储存于密闭容器中的易燃液体受热后，体积膨胀，蒸气压力增加，若超过容器的压力限度，就会造成容器膨胀，发生物理爆炸。因此，盛放易燃液体的容器必须留有不少于5%的空间，并储存于阴凉处。

（4）流动性

易燃液体的黏度一般都很小，本身极易流动、同时还会通过渗透、浸润及毛细现象等作用，沿容器细微裂纹处渗出容器壁外，并源源不断地挥发，使空气中的易燃液体蒸气浓度增高，增加了燃烧爆炸的危险性。

（5）静电性

多数易燃液体是有机化合物，是电的不良导体，在灌注、输送、流动过程中能够产生静电。当静电积聚到一定程度时就会放电，引起着火或爆炸。

（6）毒害性

易燃液体（或蒸气）大多本身具有毒害性。一般不饱和、芳香族碳氢化合物和易蒸发的石油产品比饱和的碳氢化合物、不易挥发的石油产品的毒性大。一些易燃液体还具有麻醉性，如乙醚，长时间吸入会使人失去知觉。

3. 实验室中常见易燃液体

（1）乙醚

乙醚的分子式是$(C_2H_5)_2O$，其是无色透明液体，有特殊刺激性气味，带甜味，极易挥发，易燃，低毒，闪点-45℃（CC），沸点34.6℃，是一种用途非常广泛的有机溶剂，具有麻醉作用，可作为麻醉药使用。当人吸入含3.5%（体积分数）乙醚的空气时，30~40min就可以失去知觉。纯度较高的乙醚不可长时间敞口存放，否则其蒸气可能引来远处的明火起火。乙醚在空气的作用下被氧化成过氧化物、醛和乙酸，光照能促进其氧化。蒸馏乙醚时不可过尽，蒸发残留物中的过氧化物加热到100℃以上时能引起强烈爆炸。乙醚与硝酸、硫酸混合会发生猛烈爆炸，曾发生过用盛放乙醚的试剂空瓶，盛放浓硝酸发生爆炸的事故。应将乙醚储存于低温通风处，远离火种、热源，与氧化剂、卤素、酸类分开储存。

（2）丙酮

丙酮的分子式是C_3H_6O，也称作二甲基酮。其是无色液体，有特殊气味，辛辣甜味，易挥发，易燃，闪点－20℃，沸点56.05℃，能溶解醋酸纤维和硝酸纤维，低毒，属易制毒化学品。反应活性高，其蒸气与空气可形成爆炸性混合物，遇明火、高热极易燃烧爆炸，与氧化剂能发生强烈反应。其蒸气比空气重，能在较低处扩散到相当远的地方，遇火源会着火燃烧。若遇高热，容器内压增大，有开裂和爆炸的危险。丙酮应储存于密封的容器内，置于阴凉干燥通风良好处，远离热源、火源和有禁忌的物质。

（3）甲苯

甲苯为无色透明液体，不溶于水，溶于乙醇、苯、氯仿等多数有机溶剂。分子量92.15，沸点110.6℃，闪点4℃（CC），自燃点552℃，爆炸极限1.1%～7.1%。可用作生产甲苯衍生物、炸药、染料中间体、药物的原料。甲苯在强氧化剂如高锰酸钾、重铬酸钾、硝酸的氧化作用下，被氧化成苯甲酸。在硫酸存在下，40℃以下用二氧化锰氧化得到苯甲醛。用三氯化铝或三氯化铁作催化剂，甲苯与卤素反应生成邻位和对位卤代甲苯。在三氯化铝或三氟化硼的催化作用下，甲苯与卤代烃、烯烃、醇等发生烷基化反应，得到烷基甲苯的混合物。甲苯易燃，其蒸气比空气重，与空气混合形成爆炸性混合物。遇到火源、高温、强氧化剂时有引起燃烧爆炸的危险。

甲苯属低毒类物质，吸入后可引起过度疲惫、兴奋、头痛等症状，对中枢神经系统有麻醉作用。长期吸入低浓度的甲苯蒸气，将造成慢性中毒，引起食欲减退、疲劳、白细胞减少、贫血。甲苯还可经皮肤吸收，对皮肤黏膜有轻度的刺激作用和脱脂作用。甲苯如发生火灾，可选择泡沫、干粉、二氧化碳、沙土灭火。

4. 易燃液体储存和使用注意事项

① 易燃液体应存放在阴凉通风处，有条件的实验室应设易燃液体专柜分类存放。

② 易燃液体使用时要轻拿轻放，防止相互碰撞或损坏容器造成泄漏事故。不同种类的易燃液体具有不同的性质，使用前应认真了解其相应的物理性质和化学性质。

③ 易燃液体不得敞口存放。操作过程中室内应保持良好的通风，必要时佩戴防护器具。

5. 易燃液体火灾的扑救

① 扑救易燃液体火灾时应掌握着火液体的品名、相对密度、水溶性、毒性、腐蚀性以及有无喷溅危险等信息，以便采取相应的灭火和防护措施。

② 小面积的液体火灾可用干粉或泡沫灭火器等进行扑救，也可用沙土覆盖。发生在容器内的小火情可用湿抹布覆盖灭火。

③ 扑救毒害性、腐蚀性或燃烧产物毒性较强的易燃液体火灾时，扑救人员必须佩戴防毒面具，采取严密的防护措施。

（四）易燃固体、易于自燃物质、遇水放出易燃气体的物质

1. 易燃固体

易燃固体是指燃点低，对热、撞击、摩擦、高能辐射等敏感，易被外部火源点燃，燃烧迅速，并可能散发出有毒烟雾或有毒气体的固体，但不包括已列入爆炸品的物质。常见的易燃固体如下。

一级易燃固体：这类物质燃点低，容易燃烧和爆炸，放出气体的毒性大，如红磷与含磷化合物：三硫化四磷、五硫化二磷等。

二级易燃固体：燃烧性能比一级的差，燃烧速度慢，燃烧时放出的气体毒性小，如硝基化合物（二硝基苯、二硝基萘等）、亚硝基化合物（如亚硝基苯酚），金属粉末（如镁粉、铝粉、钍粉、锆粉、锰粉等），萘及其类似物（如萘、甲基萘、均四甲苯、茚烯、樟脑等），其他如氨基化钠、重氮氨基苯、硫黄、聚甲醛、苯磺酰肼、偶氮二异丁腈、氨基化锂等。

（1）危险特性

① 易燃性。易燃固体的着火点都比较低，一般都在300℃以下，在常温下很小能量的火源就能引燃易燃固体。有些易燃固体在受到摩擦、撞击等外力作用时也能燃烧。

② 爆炸性。绝大多数易燃固体与酸、氧化剂，尤其是与强氧化剂接触时，能够立即发生着火或爆炸。易燃固体粉末与空气混合后容易发生粉尘爆炸，如硫粉及易燃金属粉末等。

③ 毒害性。很多易燃固体本身具有毒害性，或燃烧后产生有毒物质。

（2）实验室中常见的易燃固体

① 硫黄，别名硫、胶体硫、硫黄块。外观为淡黄色脆性结晶或粉末，有特殊臭味，闪点为207℃，熔点为119℃，沸点为444.6℃，硫黄难溶于水，微溶于乙醇、醚，易溶于二硫化碳。硫黄易燃，与氧化剂混合能形成爆炸性混合物；与卤素、金属粉末等接触后也会发生剧烈反应；粉尘或蒸气与空气混合后也会形成爆炸性混合物。硫黄为电的不良导体，在储运过程中易产生静电荷，可导致硫黄粉尘起火。硫黄本身低毒，但其蒸气及固体燃烧后产生的二氧化硫对人体有剧毒。

② 氨基化钠，别名氨基钠，分子式 $NaNH_2$，室温下为白色或浅灰色（带铁杂质）固体，有氨的气味，熔点208℃，沸点400℃，在空气中易氧化，易燃，有腐蚀性和吸湿性，能与水发生强烈反应，生成氢氧化钠和氨。在遇高热、明火、强氧化剂或受潮时均可发生爆炸。粉状固体浮于空气中时，容易形成爆炸性粉尘。氨基钠变成黄色或棕色后，表明已经有氧化产物生成，不可再用，否则可能发生爆炸。因此，氨基钠应该用时制备，不要长时间储存。在储存或使用时，应注意防水，打开盖子时瓶口不要对着脸部。

（3）储存和使用注意事项

基于易燃固体的燃烧性和爆炸性，易燃固体应远离火源，储存在通风、干燥、阴凉的仓库内，而且不得与酸类、氧化剂等物质同库储存。使用中应轻拿轻放，避免摩擦和撞击，以免引起火灾。大多数易燃固体有毒，燃烧后产生有毒物质，使用这类易燃固体或扑救这类物质引起的火灾时应注意自身防护。

(4) 易燃固体火灾的扑救

多数易燃固体着火后可以用水扑救，但对于镁粉、铝粉等金属粉末着火，不可用水、二氧化碳和泡沫灭火剂进行扑救。对于遇水产生易燃或有毒气体的物质（如五硫化二磷、三硫化四磷等）也不可以用水扑救。

对于脂肪族偶氮化合物、亚硝基化合物等自反应物质，着火时不可采用窒息法灭火，因为此类物质燃烧时不需外部空气中的氧参与。

2. 易于自燃的物质

(1) 定义与分类

易于自燃的物质指自燃点低，在空气中易发生氧化反应放出热量，自行燃烧的物质。包括发火物质和自热物质两类。发火物质是指与空气接触不足 5min 便可自行燃烧的液体、固体或液体混合物。自热物质是指与空气接触后不需要外部热源便自行发热燃烧的物质。常见的这类物质有黄磷、还原铁、还原镍以及金属有机化合物三乙基铝、三丁基硼，等等。另外，一些含有不饱和键的化合物，如油脂类物质可在空气中氧化积热不散而引起自燃。

(2) 危险特性

① 自燃性。自燃物质都是比较容易氧化的，接触空气中的氧时会产生大量的热，积热达到自燃点而着火、爆炸。同时，潮湿、高温、包装疏松、结构多孔（接触空气面积大）、存在助燃剂或催化剂等因素，可以促进自燃发生。

② 化学活性。自燃物质一般都比较活泼，具有极强的还原性，遇氧化剂可发生激烈反应，爆炸。

③ 毒害性。有相当部分自燃物质本身及其燃烧产物不仅对机体有毒甚至剧毒，还可能有刺激、腐蚀等作用，如黄磷、亚硝基化合物、金属烷基化合物等。

(3) 实验室中常见的自燃物质

① 白磷，又叫黄磷，为白色或黄色蜡性固体，熔点 44.1℃，沸点 280℃，密度 1.82g/cm^3，着火点是 40℃，特臭，剧毒，人吸入 0.1g 白磷就会中毒死亡。性质活泼，极易氧化，燃点特别低，一经暴露在空气中很快发生自燃，必须放置在水中保存，远离火源、热源。其燃烧的产物五氧化二磷也为有毒物质，遇水还能生成磷酸，对皮肤有腐蚀作用。在使用白磷时，要注意防护，不能用手指或其他部位皮肤接触。

② 三乙基铝，化学式为 Al(C$_2$H$_5$)$_3$，无色透明液体，具有强烈的霉烂气味，熔点 -52.5℃，闪点 <-52℃，沸点 194℃，溶于苯。化学性质活泼，能在空气中自燃，遇水即发生爆炸，也能与酸类、卤素、醇类和胺类物质发生强烈反应。主要用于有机合成，也用作火箭燃料。极度易燃，具有强腐蚀性、强刺激性，主要损害呼吸道、眼结膜和皮肤，吸入高浓度三乙基铝可引起肺水肿，皮肤接触可致灼伤、充血、水肿和起水泡，疼痛剧烈。储存时必须用充有惰性气体或特定的容器包装，包装要求密封，不可与空气接触，储存于干燥阴凉通风处，远离火种、热源。应与氧化剂、酸类、醇类等分开存放，切忌混储。取用时必须对全身进行防护。

(4) 储存和使用注意事项

① 易于自燃物质应储存在通风、阴凉、干燥处，远离明火及热源，防止阳光直射且应

单独存放。

② 因这类物质一接触空气就会着火，初次使用时应请有经验者进行指导。

③ 在使用、运输过程中应轻拿轻放，不得损坏容器。

④ 避免与氧化剂、酸、碱等接触。忌水的物品必须密封包装，不得受潮。

(5) 易于自燃物质火灾的扑救

有积热自燃物品的火灾，如油纸、油布等，可以用水扑救。由白磷引发的火灾应用低压水或雾状水扑救，不可用高压水扑救，因为高压水冲击会导致白磷飞溅，使灾害扩大。白磷熔融液体流淌时应用泥土、沙袋拦截并用雾状水冷却，对磷块和冷却后已固化的白磷，应用钳子夹入储水容器中，来不及钳出时可先用沙土掩盖，但应做好标记，等火灾扑救后，再逐步集中到储水容器中。

3. 遇水放出易燃气体的物质

遇水放出易燃气体的物质又称遇湿易燃物质，指遇水或受潮时，发生剧烈化学反应，易变成自燃物质或放出危险数量的易燃气体和热量的物质。有些甚至不需明火即能燃烧或爆炸。常见该类物质有活泼金属锂、钠、钾、锶等及其氢化物、碳化物、磷化钙、磷化锌，碳化钙、碳化铝，等等，这些物质通常显示自燃倾向，易引起燃烧或爆炸，危险性很大。还有一些物质较上述物质危险性小，可引起燃烧或爆炸，但不常引起自燃或自发爆炸，如氢化钙、锌粉、保险粉（连二亚硫酸钠）等。

(1) 危险特性

① 遇水易燃性。这是这类物质的共性。遇水、潮湿空气、含水物质可剧烈反应，放出易燃气体和大量热量，引起燃烧、爆炸，或可形成爆炸性混合气体，从而造成危险。

② 遇氧化剂、酸反应更剧烈。除遇水剧烈反应外，也能与酸类或氧化剂发生剧烈反应，且反应更加剧烈，燃烧爆炸的危险性更大。

③ 自燃危险性。磷化物，如磷化钙、磷化锌，遇水生成磷化氢，在空气中能自燃，且有毒。

④ 毒害性和腐蚀性。一些遇水放出易燃气体的物质本身具有毒性或放出有毒气体。由于其易与水反应，故对机体有腐蚀性，使用这类物质时应防止接触皮肤、黏膜，以免灼伤，取用时要戴橡胶手套或用镊子操作，不可直接用手拿。

(2) 实验室中常见的遇水放出易燃气体的物质

① 金属钠、钾。金属钠：熔点 97.81℃，沸点 882.9℃；钾：熔点 63.25℃，沸点 760℃。钠、钾均为银白色金属，质软而轻，密度比水小。钾和钠化学性质非常相似，均具有强还原性，能和大量无机物、绝大部分非金属单质、大部分有机物反应，在空气中暴露会迅速氧化。金属钠（钾）与水反应，会放出氢气和热量而引起着火、燃烧或爆炸，具有很高的危险性。金属钠（钾）等物质与卤化物反应，往往会发生爆炸。金属钠（钾）需密封保存。一般实验室将钠（钾）保存在盛有煤油的玻璃瓶中并将瓶子密封，置于阴凉处。处理不用的废金属钠时，可把它切成小片投入过量乙醇中使之反应，但要注意防止产生的氢气着火。处理废金属钾时，则须在氮气保护下，按同样的操作进行处理。

② 氢化铝锂。氢化铝锂化学式为 $LiAlH_4$，是有机合成中非常重要的还原剂。纯的氢化铝锂是白色晶状固体，在干燥空气中相对稳定，但遇水即发生爆炸性反应。其粉末在空气中

会自燃，但大块晶体不易自燃。加热至125℃即分解出氢化锂和金属铝，并放出氢气。在空气中磨碎时可发火。受热或与湿气、水、醇、酸类接触，即发生放热反应并放出氢气而燃烧或爆炸。与强氧化剂接触发生猛烈反应而爆炸。其对黏膜、上呼吸道、眼和皮肤有强烈的刺激性，可引起烧灼感、咳嗽、喘息、喉炎、气短、头痛、恶心、呕吐等，可发生因吸入导致的喉及支气管的痉挛、炎症、水肿、化学性肺炎或肺水肿而致死的情况。由于氢化铝锂具有高度可燃性，储存时需密封防潮，隔绝空气和湿气，充氮气并在低温下保存。使用时需全身防护，且必须佩戴防毒面具，以防吸入粉尘。

③ 碳化钙。碳化钙又称电石，无色晶体，工业品为灰黑色块状物，断面为紫色或灰色。分子量64.10，熔点约2300℃。碳化钙暴露于空气中时极易吸潮而失去光泽变为灰白色粉末，使质量降低或失效。碳化钙干燥时不燃，但遇湿能迅速反应放出高度易燃的乙炔气体。当空气中乙炔的浓度达到其爆炸极限时，遇明火即发生燃烧和爆炸。乙炔是化学性质非常活泼的气体，与酸类物质接触能发生剧烈反应。碳化钙可损害皮肤，引起皮肤瘙痒、炎症。储存时包装必须密封，切勿受潮。应与酸类、醇类等分开存放，切忌混存。可用干燥的石墨粉或其他干粉灭火，禁止用水、泡沫和酸碱灭火器灭火。

④ 磷化铝。磷化铝为黄绿色结晶，粉末或片状，溶于乙醇、乙醚。分子量57.95，熔点2550℃。误服、与皮肤接触或吸入，均会引起严重中毒。磷化铝虽然本身不会燃烧，但遇酸、水或潮湿空气时会发生剧烈反应，放出磷化氢气体。当温度超过60℃时，磷化氢会在空气中自燃。磷化铝与氧化剂接触也能发生剧烈反应。因此，在储存、运输时应远离酸类氧化剂。可用干粉灭火器、干燥沙土灭火，禁止用水、泡沫和酸碱灭火器灭火。

(3) 储存和使用的注意事项

① 不得与酸、氧化物混放，包装必须严密，不得破损，以防吸潮或与水接触。

② 金属钠（钾）必须浸没在煤油中保存。

③ 不得与其他类别的危险品混存混放，使用和搬运时不得摩擦、撞击、倾倒。

④ 大多数遇水放出易燃气体的物质具有腐蚀性，能灼伤皮肤。使用这类物质时不可用手拿，必须戴防护手套且使用镊子。

(4) 遇水放出易燃气体物质的火灾扑救

此类物质着火时绝不可以用水或含水的灭火剂扑救，二氧化碳等不含水的灭火剂也不可以使用。因为此类物质一般都是碱金属、碱土金属以及这些金属的化合物，在高温时这些物质可与二氧化碳发生反应。此类物质的火灾可使用偏硼酸三甲酯（7150）灭火剂进行扑救，也可使用干沙、石粉进行扑救。对于金属钾、钠火灾，用干燥的氯化钠、石墨等扑救效果也很好。

金属锂着火时不可用干沙进行扑救，因为干沙中的二氧化硅可以和金属锂的燃烧产物氧化锂发生反应。金属锂的火灾也不可用碳酸钠或氯化钠进行扑救，因为在高温条件下会产生比锂更危险的钠。

（五）氧化性物质和有机过氧化物

1. 氧化性物质

氧化性物质是指本身不一定可燃，但通常能分解放出氧或起氧化反应而可能引起或促进其他物质燃烧的物质。氧化性物质具有较强的获得电子能力，有较强的氧化性，氧化剂对热、震动或摩擦较敏感，遇酸碱、高温、震动、摩擦、撞击、受潮或与易燃物品、还原剂等接触时能迅速反应，引发燃烧、爆炸危险，与松软的粉末状可燃物能组成爆炸性化合物。凡品名中有"高""重""过"字，如高氯酸盐、高锰酸盐、重铬酸盐、过氧化物等都属于氧化剂。此外，碱金属和碱土金属的氯酸盐、硝酸盐、亚硝酸盐、高氧化态金属氧化物以及含有过氧基（—O—O—）的无机化合物也属于此类物质。

2. 有机过氧化物

有机过氧化物是指分子组成中含有过氧基（—O—O—）的有机物，该类物质为热不稳定物质，可能发生放热的自加速分解。所有的有机过氧化物都是热不稳定的，易分解，并随温度升高分解速度加快。其本身易燃、易爆、极易分解，对热、震动和摩擦极为敏感，具有较强的氧化性，遇酸、碱、还原剂可发生剧烈的氧化还原反应，遇易燃品则有引起燃烧、爆炸的危险。分子中的过氧键一般不稳定，有很强的氧化能力，容易发生断裂生成两个 RO·，可引发自由基反应，其蒸气与空气会形成爆炸性的混合物。过氧键对重金属、光、热和胺类敏感，能发生爆炸性的自催化反应。有些有机过氧化物具有腐蚀性，尤其是对眼睛。常见的有机过氧化物有过氧化二苯甲酰、过氧化二异丙苯、叔丁基过氧化物、过氧化苯甲酰、过甲酸、过氧化环己酮等。

3. 危险特性

（1）强氧化性

氧化剂和有机过氧化物最突出的特性是具有较强的获得电子能力，即强氧化性。无论是无机过氧化物还是有机过氧化物，结构中的过氧基都易分解释放出原子氧，因而具有强氧化性。氧化剂中的其他物质则分别含有高氧化态的氯、溴、碘、氮、硫、锰、铬等元素，这些高氧化态的元素具有较强的获得电子能力，显示出强氧化性。在遇到还原剂、有机物时会发生剧烈的氧化还原反应，引起燃烧、爆炸，放出反应热。

（2）易分解性

氧化剂和有机过氧化物均易发生分解放热反应，引起可燃物的燃烧爆炸。尤其是有机过氧化物本身就是可燃物，易发生放热的自加速分解而迅速燃烧、爆炸。

（3）燃烧爆炸性

氧化剂多数本身是不可燃的，但能导致或促进可燃物燃烧。有机过氧化物本身是可燃物，易着火燃烧，受热分解后更易燃烧爆炸。有机过氧化物比无机氧化剂具有更大的火灾危险性。同时两者的强氧化性使之遇到还原剂和有机物时会发生剧烈反应引发燃烧爆炸。一些氧化剂遇水易分解放出氧化性气体，遇火源可导致燃烧。多数氧化剂和有机过氧化物遇酸反应剧烈，甚至发生爆炸，尤其是碱性氧化剂，如过氧化钠、过氧化二苯甲酰等。

（4）敏感性

多数氧化剂和有机过氧化物对热、摩擦、撞击、震动等极为敏感，受到外界刺激，极易发生分解、爆炸。

（5）腐蚀毒害性

一些氧化剂和有机过氧化物具有不同程度的毒性、刺激性和腐蚀性，如重铬酸盐，既有毒性又会灼伤皮肤，活泼金属的过氧化物则具有较强的腐蚀性。多数有机过氧化物具有刺激性和腐蚀性，容易对眼角膜和皮肤造成伤害。

4. 实验室中常见氧化性物质和有机过氧化物

（1）过氧化氢

过氧化氢化学式为 H_2O_2，是除水外的另一种氢的氧化物，一般以 30% 或 60% 的水溶液形式存放，其水溶液一般称为双氧水。过氧化氢有很强的氧化性，且具有弱酸性。低浓度的双氧水可用于消毒。浓的双氧水具有腐蚀性，其蒸气或雾会对呼吸道产生强烈刺激，眼直接接触可致不可逆损伤甚至失明，口服中毒则会导致多种器官损伤，长期接触本品可导致接触性皮炎。过氧化氢本身不可燃，但能与可燃物反应放出大量热量和氧气而引起着火爆炸。过氧化氢在 pH 值为 3.5～4.5 时最稳定。碱性条件、重金属（如铁、铜、银、铅、汞、锌、钴、镍、铬、锰等）的氧化物或盐、粉尘、杂质、强光照等都会诱发其催化分解，当遇到有机物，如糖、淀粉、醇类、石油产品等物质时会形成爆炸性混合物，在撞击、受热或电火花作用下会发生爆炸。过氧化氢应储存于密封容器中，置于阴凉、避光清洁、通风处，远离火源、热源、避免撞击、倒放。应与易燃或可燃物、还原剂、碱类、金属粉末等分开存放，避免与纸片、木屑等接触。

（2）过氧化二苯甲酰

过氧化二苯甲酰化学式为 $[C_6H_5C(O)O]_2$，简称 BPO，是一种有机过氧化物，强氧化剂，白色结晶，有苦杏仁气味，熔点 103～106℃（分解）。溶于苯、氯仿、乙醚、丙酮、二硫化碳，微溶于水和乙醇。性质极不稳定，摩擦，撞击，遇明火、高温、硫及还原剂，均有引起爆炸的危险。对皮肤有强烈的刺激和致敏作用，刺激黏膜。储存时应注入 25%～30% 的水，避免光照和受热，勿与还原剂、酸类、醇类、碱类接触。

5. 氧化性物质和有机过氧化物的储存和使用注意事项

① 使用过程中应严格控制温度，避免摩擦或撞击。
② 保存时不能与有机物、可燃物、酸等同柜储存。
③ 碱金属过氧化物易与水反应，应注意防潮。
④ 有些氧化剂具有毒性和腐蚀性，能毒害人体，灼伤皮肤，使用过程中应注意防护。

6. 氧化性物质和有机过氧化物火灾的扑救

氧化性物质着火或被卷入火中时，会放出氧，加剧火势，即使在惰性气体中，火仍然会自行蔓延。因此，此类物质着火时使用二氧化碳及其他气体灭火剂是无效的，应使用大量的水或用水淹浸的方法灭火，这是控制氧化性物质火灾最为有效的方法。若使用少量的水灭火，水会与过氧化物发生剧烈反应。

有机过氧化物着火或被卷入火中，可能导致爆炸。如有可能，应迅速将此类物质从火场移开并转移到安全区域，人尽可能远离火场，在有防护的地方用大量水灭火。有机过氧化物火灾被扑灭后，在火场完全冷却之前不要接近火场，因为被卷入火中或暴露于高温下的有机过氧化物会发生剧烈分解、爆炸。

(六) 毒性物质和感染性物质

1. 毒性物质及其分类

毒性物质是指经吞食、吸入或皮肤接触后可能造成健康损害、严重受伤或死亡的物质，如氰化钾、氯化汞、氢氟酸等。

毒性物质的毒性分为急性口服毒性、皮肤接触毒性和吸入毒性，分别用口服毒性半数致死量 LD_{50}、皮肤接触毒性半数致死量 LD_{50}、吸入毒性半数致死量 LC_{50} 衡量。

毒性物质的认定标准如下。

经口摄取半数致死量：固体 $LD_{50} \leqslant 200 mg/kg$，液体 $LD_{50} \leqslant 500 mg/kg$；

经皮肤接触 24h 半数致死量：$LD_{50} \leqslant 1000 mg/kg$；

粉尘、烟雾吸入半数致死量：固体或液体 $LC_{50} \leqslant 10 mg/L$。

毒性物质依据化学属性可分为无机毒性物质和有机毒性物质两类。

(1) 无机毒性物质

常见的无机毒性物质包括：有毒气体，如卤素、卤化氢、氢氰酸、二氧化硫、硫化氢、氨、一氧化碳等；氰化物，如 KCN、NaCN 等；砷及其化合物，如 As_2O_3；硒及其化合物，如 SeO_2；其他，如汞、锑、铍、氟、铯、铅、钡、磷、碲、铊及其化合物。

(2) 有机毒性物质

常见的有机毒性物质包括：卤代烃及其卤化物，如氯乙醇、二氯甲烷、光气等；有机金属化合物，如二乙基汞、四乙基铅、硫酸三乙锡等；有机磷、硫、砷及腈、胺等化合物，如对硫磷、丁腈等；某些芳香环、稠环及杂环化合物，如硝基苯、糠醛等；天然有机毒品，如鸦片、尼古丁等；其他有毒物质，如硫酸二甲酯、正硅酸甲酯等。

2. 毒性物质的危险特性

(1) 毒性

毒性是这类物质的主要特性。无论是口服、呼吸道吸入，还是皮肤吸入，毒性物质侵入机体后都会对机体的功能与健康造成损害，甚至导致死亡。毒性物质溶解性越好，其危害越大。这里指的溶解性不仅包括水溶性还包括脂溶性。如易溶于水的氯化钡对人体危害大，而难溶的硫酸钡则无毒；具有致癌，生殖、遗传毒性的二噁英就是脂溶性毒害品。多数有机毒害品挥发性较强，容易引起吸入中毒，尤其需要注意无色、无味的有毒物质。固体毒物颗粒越小，分散性越好，越容易通过呼吸道和消化道进入体内。

(2) 隐蔽性

有相当部分的毒性物质没有特殊气味和颜色，容易和面粉、盐、糖、水、空气等混淆，不易识别和防范。如氰化银，为白色粉末，无臭无味；铊盐溶液为无色透明状液体，容易和水混淆；一氧化碳为无色无味气体等。另一些毒性物质，如苯、四氯化碳、乙醚、硝基苯等的蒸气，长久吸入会使人嗅觉减弱，放松警惕。

(3) 易燃易爆性

《危险化学品目录》(2018版)中具有健康危害的毒害类部分物质遇火源和氧化剂容易发生燃烧、爆炸。例如含硝基和亚硝基的芳香族有机化合物遇高热、撞击等都可能引起爆炸并分解出有毒气体。

(4) 遇水、遇酸反应

大多数毒害品，遇酸或酸雾会放出有毒气体，有的气体还具有易燃和自燃危险性，有的甚至遇水会发生爆炸。

3. 实验室中常接触到的毒性物质

(1) 一氧化碳

一氧化碳（CO）纯品为无色、无臭、无刺激性的气体，分子量28.01，密度1.250g/L，冰点-207℃，沸点-190℃，与空气混合能形成爆炸性混合物，遇火星、高温有燃烧爆炸危险，空气混合爆炸极限为12.5%~74%。一氧化碳具有毒性，进入人体之后会和血液中的血红蛋白结合，进而使血红蛋白不能与氧气结合，从而引起机体组织缺氧，导致人体窒息死亡。其直接致害浓度为1700mg/m^3。由于一氧化碳是无色、无味的气体，因此容易发生由于忽略而致中毒的事故。

(2) 氰化钠

氰化钠，俗称山奈、山奈钠，化学式为NaCN，是氰化物的一种。其为白色结晶粉末或大块固体，极毒，吸湿而带有苦杏仁味。氰化钠强烈水解生成氰化氢，水溶液呈强碱性。常用于提取金、银等贵金属，也用于电镀、农药生产等。各种规格的氰化钠均为剧毒化学品，氰化钠致死量为0.1~1g。当与酸类物质、氯酸钾、亚硝酸盐、硝酸盐混放时，或者长时间暴露在潮湿空气中时，易产生剧毒、易燃、易爆的HCN气体，当HCN在空气中浓度为20mg/L时，经过数小时人就会产生中毒症状甚至死亡。

(3) 硫酸二甲酯

硫酸二甲酯，化学式为$(CH_3)_2SO_4$，无色或微黄色，是略有洋葱气味的油状可燃性液体，分子量126.14，自燃点187.78℃，溶于乙醇和乙醚，在水中溶解度是2.8g/100mL。在18℃易迅速水解成硫酸和甲醇，在冷水中分解缓慢。遇热、明火或氧化剂可燃。在有机合成中作为甲基化试剂。它与所有的强烷基化试剂类似，具高毒性，皮肤接触或吸入均有严重危害。其在有机化学中的应用已逐渐被低毒的碳酸二甲酯和三氟甲磺酸甲酯所取代。

4. 易制毒化学品

易制毒化学品是指国家规定管制的，可用于制造麻醉药品和精神药品的原料和配剂，既广泛应用于工农业生产和群众日常生活中，流入非法渠道又可用于制造毒品。表2-2列出了2021版易制毒化学品的分类和品种目录。易制毒化学品为三类38个品种，第一类主要是用作制造毒品的原料，第二类、第三类主要是用作制造毒的配剂。

表 2-2 2021 版易制毒化学品的分类和品种目录

序号	第一类	序号	第二类	序号	第三类
1	1-苯基-2-丙酮	1	苯乙酸	1	甲苯
2	3,4-亚甲基二氧苯基-2-丙酮	2	醋酸酐	2	丙酮
3	胡椒醛	3	三氯甲烷	3	甲基乙基酮
4	黄樟素	4	乙醚	4	高锰酸钾
5	黄樟油	5	哌啶	5	硫酸
6	异黄樟素	6	溴素	6	盐酸
7	N-乙酰邻氨基苯酸	7	1-苯基-1-丙酮	7	苯乙腈
8	邻氨基苯甲酸	8	α-苯乙酰乙酸甲酯	8	γ-丁内酯
9	麦角酸*	9	α-乙酰乙酰苯胺		
10	麦角胺*	10	3,4-亚甲基二氧苯基-2-丙酮缩水甘油酸		
11	麦角新碱*	11	3,4-亚甲基二氧苯基-2-丙酮缩水甘油酯		
12	麻黄素、伪麻黄素、消旋麻黄素、去甲麻黄素、甲基麻黄素、麻黄浸膏、麻黄浸膏粉等麻黄素类物质*				
13	羟亚胺				
14	邻氯苯基环戊酮				
15	1-苯基-2-溴-1-丙酮				
16	3-氧-2-苯基丁腈				
17	N-苯乙基-4-哌啶酮				
18	4-苯胺基-N-苯乙基哌啶				
19	N-甲基-1-苯基-1-氯-2-丙胺				

注：①第一类、第二类所列物质可能存在的盐类，也纳入管制。
②带有 * 标记的品种为第一类中的药品类易制毒化学品，第一类中的药品类易制毒化学品包括原料药及其单方制剂。

5. 剧毒化学品的管理

剧毒化学品的管理（购买、领取、使用、保管等）要根据国务院、公安部和各地方的相关法规标准严格执行。剧毒化学品管理的重点要求是要设专用库房和防盗保险柜以及双人领取、双人使用、双人管理、双把锁、双账本的"五双"管理制度等。各单位再根据这些要求结合本单位实际情况制定具体管理制度。

6. 实验室防止中毒的技术措施

① 以无毒、低毒的化学品或工艺代替有毒或剧毒的化学品或工艺。这是从根本上解决中毒问题的最好方法。如苯有"三致"作用，即致畸、致癌、致突变，应尽可能用毒性较低的化学品（如环己烷等）来代替；汞的毒性大，就采用无汞仪表代替含汞仪表，等等。

② 设备密闭化、管道化、机械化，防止实验中的"冲、溢、跑、冒"事故。

③ 隔离操作和仪表自动控制可以起到隔离作用，防止人和有毒物质直接接触。

④ 通风排毒和净化回收。通风排毒有局部排风、局部送风和全面通风换气三种方式，可以将操作现场的毒气及时排走或稀释到卫生标准规定的范围内。净化回收就是要将有毒废液回收到专门的容器内再做无害化处理，使之达到排放标准。

⑤ 注意消除二次染毒源。

⑥ 加强个人防护。个人防护是辅助的，但也是必要的。主要防护装备有：防护服装、防毒面具、氧气呼吸器、防护眼镜等。

⑦ 定期检查毒性物质在空气中的浓度。

⑧ 建立卫生保健和卫生监督制度。

7. 感染性物质

感染性物质指含有病原体的物质，包括生物制品，诊断样品，基因突变的微生物、生物体和其他媒介，如病毒蛋白、病毒株、病理样品、使用过的针头等。

8. 麻醉药品

麻醉药品是指连续使用后易产生生理依赖性、能成瘾癖的药品。麻醉药品与日常所说的麻醉药有本质上的不同。人们常说的麻醉药是指具有麻醉作用的麻醉剂，包括全身麻醉剂和局部麻醉剂。人们使用麻醉剂不会产生生理依赖性，也不会成瘾癖。麻醉剂大部分是人工合成的，如乙醚、普鲁卡因、丁卡因、利多卡因和氯乙烷等。麻醉药品主要是从罂粟、大麻或可可豆等中提取出来的生物碱，如阿片类、吗啡类、可卡因、海洛因等。

麻醉药品数量不多的单位在使用时也要参照2016年2月6日修订的《麻醉药品和精神药品管理条例》（中华人民共和国国务院令第442号）和卫生部关于麻醉药（麻醉剂）的相关管理文件严格执行，避免各种安全事故的发生。

（七）腐蚀性物质

1. 定义和分类

《危险货物分类和品名编号》（GB 6944—2012）中，腐蚀性物质是指通过化学作用使生物组织接触时造成严重损伤或在渗漏时会严重损害甚至毁坏其他货物或运载工具的物质。包括满足下列条件之一的物质：①使完好皮肤组织在暴露超过60min、但不超过4h之后开始的最多14d观察期内全厚度毁损的物质，②被判定不引起完好皮肤组织全厚度毁损，但在55℃实验温度下，对钢或铝的表面腐蚀率超过6.25mm/a的物质。

腐蚀性物质按化学性质分为三类：酸性腐蚀品、碱性腐蚀品和其他腐蚀品。

（1）酸性腐蚀品

具有强氧化性和遇湿能生成强酸的无机类物质：硝酸、硫酸、氢氟酸、氢溴酸、高氯酸、王水、三氧化硫、五氧化二磷、三氯化锑、四氯化碘等。以及有强腐蚀性并具有酸性的有机酸类物质：乙酸酐、氯磺酸、苯甲酰氯、苯磺酰氯、冰醋酸、苯酐等。

(2) 碱性腐蚀品

无机碱性腐蚀品如氢氧化钠、氢氧化钙、氢氧化钾、硫氢化钙、硫化钠，和有机碱性腐蚀品如烷基醇钠类、水合肼、有机胺类及有机铵盐类等。

(3) 其他腐蚀品

无机其他腐蚀品如：亚氯酸钠、氯化铜、氟化铬、氟化氢铵、氟化氢钾溶液。有机其他腐蚀品如：氯甲酸苄酯、苯基二氯化磷、二氯乙醛、苯酚钠、甲醛溶液等。

2. 危险特性

(1) 强烈的腐蚀性

腐蚀性物质的化学性质比较活泼，能和很多金属、有机化合物、动植物机体等发生化学反应，从而灼伤人体组织，对金属、动植物机体、纤维制品等也具有强烈的腐蚀作用。腐蚀品中的酸能与大多数金属反应，溶解金属；还能和非金属发生作用。腐蚀品中的强碱也能腐蚀某些金属和非金属。

对人体的伤害：人体直接接触这些物品后，会引起表面灼伤或发生破坏性创伤，特别是接触氢氟酸时，能发生剧痛，使组织坏死，若不及时治疗，会导致严重的后果。当人体吸入腐蚀品挥发出的蒸气或飞扬到空气中的粉尘时，会造成呼吸道黏膜损伤，引起咳嗽、呕吐、头痛等症状。因此在使用和储运过程中，操作人员必须严格执行操作规程，做好防护。

对有机物的腐蚀：腐蚀品能夺取有机物中的水分，破坏其组织成分并使之碳化。

无论是酸还是碱，对所有金属和部分非金属有机物均能产生不同程度的腐蚀作用。

(2) 毒性

多数腐蚀品有不同程度的毒性，有的还是剧毒品，如氢氟酸、重铬酸钠等。

(3) 易燃性

许多有机腐蚀品都具有易燃性，这是由它们自身的组成和分子结构决定的，如冰醋酸、甲酸、苯甲酰氯、丙烯酸等接触火源时会引起燃烧。

(4) 氧化性

腐蚀品中有些物质具有很强的氧化性，其中多数是含氧酸和酸酐，如浓硫酸、硝酸、氯酸、高锰酸、铬酸酐等。当强氧化性的腐蚀品接触木屑、糖、纱布等可燃物时，会发生氧化反应，引起燃烧、爆炸。

(5) 遇水反应性

有些腐蚀品具有遇湿或遇水反应性，如氯磺酸、氧化钙等，反应过程中可放出大量的热或有毒、腐蚀性气体。

3. 实验室中常见腐蚀品

(1) 硫酸

硫酸是一种无色透明黏稠的油状液体，难挥发，在任何浓度下都能与水混溶并且放热，常用的浓硫酸中 H_2SO_4 的质量分数为 98.3%，沸点 338℃，密度 1.84g/cm³，物质的量浓度 18.4mol/L。硫酸具有非常强的腐蚀性。高浓度的硫酸不仅具有强酸性，还具有脱水性和强氧化性，会与蛋白质及脂肪发生水解反应，造成严重化学性烧伤；与碳水化合物发生高放热性脱水反应并将其碳化，造成二级火焰性灼伤；还会对皮肤、黏膜、眼睛等组织造成极大刺激和腐蚀作用。硫酸具有强氧化性，与易燃物（如苯）和有机物（如糖、纤维素等）接触会发生剧烈反应，甚至引起燃烧。能与一些活性金属粉末发生反应。遇水大量放热，可发生沸溅。存储时应保持容器密封，储存于阴凉、通风处，与易（可）燃物、还原剂、碱类碱金属、食用化学品分开存放。

（2）氢氧化钠

氢氧化钠（NaOH），白色颗粒或片状固体，其水溶液无色透明、有涩味和滑腻感，呈强碱性，俗称烧碱。纯氢氧化钠有吸湿性，易吸收空气中的水和 CO_2，常用作碱性干燥剂。溶于水、乙醇，与酸混合时产生剧热。能与许多有机、无机化合物起化学反应，具有强烈的刺激性和腐蚀性。其粉尘或烟雾会刺激眼和呼吸道，腐蚀鼻中隔；皮肤和眼与氢氧化钠直接接触会引起灼伤；误服可造成消化道灼伤，黏膜糜烂、出血和休克。氢氧化钠能够与玻璃发生缓慢的反应，生成硅酸钠，因此固体氢氧化钠一般不用玻璃瓶装，装氢氧化钠溶液的试剂瓶使用胶塞。

（3）氯磺酸

氯磺酸（$ClSO_3H$）为无色油状液体，熔点 $-80℃$，沸点 $152℃$，属酸性腐蚀品。氯磺酸很容易水解，与空气中的水蒸气也能反应生成酸雾并放出大量的热，若容器中进水就会发生猛烈反应，甚至使容器炸裂。若与多孔性或粉末状的易燃物质接触，会引起燃烧。氯磺酸不仅对金属有强烈的腐蚀作用，而且对眼睛也有强烈的刺激作用，还会侵蚀咽喉和肺部。

（4）氢氟酸

氢氟酸是氟化氢（HF）气体的水溶液，为无色透明有刺激性气味的发烟液体。氢氟酸具有极强的腐蚀性，能强烈地腐蚀金属、玻璃和含硅的物质，吸入蒸气或接触皮肤则会造成难以治愈的灼伤，民间称其为"化骨水"，有剧毒，最小致死量（大鼠，腹腔）为 25mg/kg。存放时需要放在密封的塑料瓶中保存于阴凉处。取用时需对人体实施全面防护。

4. 腐蚀品的储存和使用

① 应储存于阴凉、通风、干燥的场所，远离火源。

② 酸类腐蚀品应远离氰化物、氧化剂、遇湿易燃物质。

③ 具有氧化性的腐蚀品不得与可燃物和还原剂同柜储存。

④ 有机腐蚀品严禁接触明火或氧化剂。

⑤ 使用过程中应有良好的通风条件，受到腐蚀后应立即用大量的水冲洗。漂白粉、次氯酸钠溶液等应避免阳光直射。

⑥ 因有些腐蚀品同时具有毒性，使用过程中应注意防护。

⑦ 受冻易结冰的冰醋酸、低温易聚合变质的甲醛等应储存于冬暖夏凉的库房。

5. 腐蚀品火灾的扑救

① 腐蚀品可造成人体化学灼伤，因此，扑救火灾时灭火人员必须穿防护服，佩戴防护面具。

② 腐蚀品着火一般可用水、干沙、泡沫进行扑救。使用水扑救腐蚀品火灾时，应尽量使用低压水流或雾状水，不宜用高压水扑救，避免腐蚀品溅出。

③ 有些强酸、强碱，遇水能产生大量的热，不可用水扑救。遇水产生酸性烟雾的腐蚀品，也不能用水扑救，可用干粉、干沙扑救。

④ 遇腐蚀品容器泄漏，在火灾被扑灭后应将泄漏的腐蚀品收集到专用容器中，并采取堵漏措施。

（八）放射性物质

放射性物质指那些能自然地向外辐射能量，发出射线（α射线、β射线、γ射线及中子流）的物质。一般放射性物质都是原子质量很高的金属，如钚、铀等，其辐射出的射线对人体的危害都很大。

（九）杂项危险物质和物品

其他类别未包括的、危险的物质和物品称为杂项危险品物质和物品，主要有以下三类。
① 危害环境物质：如海洋污染物、水生环境危害物质。
② 高温物质。
③ 经过基因修改的微生物或组织。

三、危险化学品的安全管理与个人防护

（一）危险化学品存储的注意事项

1. 化学药品存放基本原则

① 使用专门的架子或储物设备存放药品，这些装置、设备应该足够结实、牢固。
② 每种药品都有固定的存放位置，药品用后必须将盖子盖好并及时放回原处。
③ 避免在高于1.5m的架子上存放药品，重的药品不要放在高处。
④ 禁止在出口，通道，桌子、柜子等的下面以及紧急设备区域存放药品。
⑤ 所有化学试剂或化学品容器必须贴有标签，摆放整齐，标签上注明购买日期及使用者姓名。自配药品要标示其化学品名称、浓度、潜在危险性、配制日期及配制者姓名。
⑥ 将药品分类存放，禁止将易发生反应的及不相容的化学药品存放在一起。（见附录二　常用化学试剂及与之不相容化学品表）
⑦ 一般化学试剂应保存在通风良好、干净、干燥、避光处，应远离热源。
⑧ 将挥发性、有毒或有特殊气味的药品存放在通风橱中。

⑨ 爆炸品应单独存放，远离火源、热源，避光。
⑩ 易燃试剂与易爆试剂必须分开存放，放于阴凉、通风、避光处。
⑪ 剧毒品、易制毒品、爆炸品要严格执行"五双"管理制度，存放在保险柜内。
⑫ 腐蚀性药品应存放在指定容器中，最好在容器外增加辅助储存容器或设施，如托盘、塑料容器等。防止药品容器打碎时，腐蚀物外溢、泄漏。储存时，应置于阴凉、干燥、通风处，远离火源。
⑬ 腐蚀玻璃的试剂应保存在塑料瓶等耐腐蚀容器中。
⑭ 吸水性强的试剂应严格密封（蜡封）。
⑮ 经常检查药品存储状况，存储危险药品的设备应由专人管理并定期检查。

2. 冷藏、冷冻保存化学药品的注意事项

① 存储化学药品的冰箱只能用于储存药品，不得与生活用品、食品混放。
② 用防水标签对每种药品做好标记，包括组分，使用者，存放、使用或配制日期，危险性，等等。
③ 不得将易燃液体放入普通冰箱中保存。若易燃液体药品的存储有冷藏要求，须使用防爆冰箱，同时冰箱内不得存入氧化剂和高活性物质。
④ 盛放药品的所有容器必须牢固、密封，必要时增加辅助存放容器。
⑤ 将冰箱内药品的目录及存放人，按顺序列表打印出来，贴在冰箱外部易看见的地方。
⑥ 定期清理冰箱，保持冰箱整洁、干净。及时清除没有标签、未知或不用的药品。

3. 易燃液体的存放

① 实验室中不得大量存放易燃液体。
② 易燃液体不得敞口存放，在存放及使用过程中必须保证通风良好。
③ 易燃液体存储时，要远离强氧化剂，如硝酸、重铬酸盐、高锰酸盐、氯酸盐、高氯酸盐、过氧化物等。
④ 易燃液体存储时要远离着火源。特别需要注意的是：比空气重的易燃液体蒸气能引来远处的明火。
⑤ 如果条件允许，使用专业的易燃液体存储柜存放易燃液体。

4. 高反应活性物质的存放

① 存放前务必查阅该物质的化学品安全技术说明书（MSDS），用适合的容器存放。
② 存放尽可能少的量，能够完成当前实验需要即可。
③ 一定要及时做好标记，贴好标签。
④ 不要打开盛放过期高反应活性物质的容器，将其交由专门的化学品废物处理机构处理。
⑤ 不要打开出现结晶或沉淀的有机过氧化物液体或盛放能够在空气中氧化形成过氧化物物质的容器。查阅其处理方法后再小心处理，将其作为高危险性的化学品废物处理。
⑥ 分开存储下列试剂：a. 氧化剂与还原剂；b. 强还原剂与易被还原的物质；c. 自燃物

质与火源；d. 高氯酸与还原剂。

⑦ 存放高活性液体物质的试剂瓶不能过满，要留一定的空间。

⑧ 用陶瓷或玻璃的试剂瓶存放高氯酸。

⑨ 过氧化物要远离热源和火源。

⑩ 遇湿易燃物质的包装必须严密，不得破损，存储时远离水槽，且不得与其他类别的危险品混放。

⑪ 将对热不稳定的物质存储在安装有温度控制器和备用电源的防爆冰箱中。

⑫ 将高敏感物质或爆炸品存储在耐燃防爆型存储柜中。

⑬ 定期检测过氧化物，及时处理过期的过氧化物。

⑭ 酸应存储在玻璃瓶中（氢氟酸不可存放在玻璃瓶中，应存放在塑料瓶中），并且与其他试剂分开存放。

⑮ 对于特别危险的物质，其存储区应用警示语标明以示提醒。

（二）化学品的安全管理流程

1. 化学药品跟踪系统

化学药品跟踪系统是记录实验室中每一种化学药品从购买、入库、使用，直至废弃处理情况的信息库，通过该系统可以科学地管理实验室中的化学药品。化学药品跟踪系统可以采用索引卡构建的方法。现在更通用的形式是用计算机建立电子数据库，更便于检索、跟踪药品的情况。一般化学药品跟踪系统由下面的内容构成。

① 印在药品容器上的化学品名称；

② 该化学品的其他名称，特别是在 MSDS 中的名称；

③ 分子式；

④ CAS 索引号；

⑤ 购入日期；

⑥ 供货商；

⑦ 药品容器性状；

⑧ 危险特性（危险性、防护方法、应急预案等）；

⑨ 需要的存储条件；

⑩ 存储具体位置（房间号、药品柜号、货架号）；

⑪ 药品有效期；

⑫ 药品数量；

⑬ 购买者、使用者及使用日期。

建立该系统时，每一瓶药品都应在系统中对应一个唯一的检索号，并且要根据使用情况及时更新药品信息。

2. "五双"管理制度与剧毒、易制毒和爆炸品的管理

剧毒、易制毒和爆炸品是国家管制类化学品，这类化学品的购买、保存及使用需要严格

按国家法律、法规进行。在管理中实行"五双"管理制度：双人领取、双人使用、双人管理、双把锁、双账本。具体流程如下。

(1) 购买

课题负责人提出申请——院主管领导签字、盖学院公章——校分管部门（校保卫处或资产处）审批——归管公安局审批——批准后到指定供应商处购买。

(2) 登记、保管

购回药品统一交由指定老师登记、保管。保管时实行双人双锁制，即药品保管时须专设两人同时管理；药品须设专柜保存，且药品柜上两把锁，钥匙分别由两位保管人保管。爆炸品需存入专业的阻燃防爆柜中，柜上也需两把锁。

(3) 领用

药品出入柜时，两位保管人均需在场监督签发，且需建立专用的登记本，记录化学品的存量、发放量及使用人姓名、用途等，随时做到账物相符，使用后的化学品应及时存回保险柜中。领取剧毒化学品的人员要注意安全，必须配置防护用具，使用专用工具取用。

(4) 检查

剧毒与易制毒化学品要定期检查，防止因变质或包装腐蚀损坏等造成的泄漏事故。

(5) 废物处理

过期药品及实验废弃物应集中保存，统一由环保部门认可的单位处理。严禁乱扔乱放。销毁剧毒物品（包括包装用具）时，须经过处理使其毒性消失，以免造成环境污染。

(6) 其他

管制类药品使用者必须是单位正式员工、学生，临时人员不得取用；药品使用人不得将药品私自转让、赠送、买卖。

（三）危险化学品的个人防护

为了减小实验室人身伤害事故的发生概率，降低实验风险，保护实验人员的安全健康，每位实验人员都应该做好个人防护。不仅要正确选用和穿戴防护用品，还需要养成良好的实验习惯。以下介绍几种实验室个人防护用品。

1. 眼睛防护

防护用品有防护眼罩、防护眼镜和防护面罩。

① 防护眼罩：可以防止有毒气体、烟雾，飞溅的液体、颗粒物及碎屑对眼睛的伤害。不要在化学实验过程中佩戴隐形眼镜，普通眼镜不能起到可靠的防护作用，化学实验过程中要求实验者必须佩戴防护眼罩。

② 防护眼镜：镜片采用能反射或吸收辐射线，但能透过一定可见光的特殊玻璃制成，用于防御紫外线或强光，如防辐射护目镜和焊接护目镜等。

③ 防护面罩：当需要考虑眼睛和面部同时防护的需求时，可使用防护面罩，如防酸面罩、防毒面罩、防热面罩和防辐射面罩等。

2. 手部防护

防护手套按用途可分为化学防护手套、高温耐热手套、防辐射手套、低温防护手套、焊接手套、绝缘手套、机械防护手套等。由于各种化学物质对不同材质的手套具有不同的渗透能力，因此化学防护手套又有多个品种。下面介绍几种实验室常用的化学防护手套。

① 天然橡胶手套：材料为天然橡胶，柔曲性好，富有弹性，佩戴舒适，具备较好的抗撕裂、刺穿、磨损和切割的性能，广泛用于实验室中。橡胶手套对水溶液，如酸、碱、盐的水溶液，具有良好的防护作用，但不能接触油脂和碳氢化合物的衍生物，接触后会发生膨胀降解而老化。天然橡胶中含有可能引起过敏反应的乳胶蛋白，不能很好地适合每一位使用者。

② 一次性乳胶手套：基本材质同天然橡胶手套，采用无粉乳胶加工而成，无毒、无害；拉力好，贴附性好，使用灵活；表面化学残留物少，离子含量低，颗粒含量少，适用于严格的无尘室环境，常用于生物医药、医疗、精密电子、食品行业。一次性乳胶手套也含有可能引起过敏反应的乳胶蛋白。

③ PE手套：又称一次性PE手套，是采用聚乙烯吹膜压制而成的一次性透明薄膜手套，可左右手混用，具有无毒、防水、防油污、防细菌、抗菌、耐酸耐碱的特性，使用起来非常方便，但不耐磨损。广泛用于化验检验、餐饮、食品、卫生、家庭清洁、机械园艺等。

④ 氯丁橡胶防化手套：氯丁橡胶的防酸、酒精、溶剂、酯、油脂和动物油的性能非常好，也能抗撕裂、刺穿、磨损和切割，且不含可能引起过敏反应的乳胶蛋白。氯丁橡胶防化手套抗老化性能出色，广泛用于化学、化工、石油等涉化学行业，是天然橡胶，乙烯基手套的有效替代产品。

⑤ 丁腈橡胶手套：丁腈橡胶手套的防酸、碱、溶剂、酯、油脂和动物油的性能非常好，碳氢化合物的衍生物耐受性也很强。手套的防撕裂、刺穿、磨损和切割的性能要比氯丁橡胶和聚乙烯好，且不含可能引起过敏反应的乳胶蛋白。丁腈手套是最有效的天然橡胶，是乙烯基和氯丁橡胶的替代产品。

⑥ 氟橡胶防化手套：主要成分是氟化的聚合物，基底类似特氟龙（聚四氟乙烯）类，其表面活化能低，所以液滴不会停留在表面，可防止化学渗透，对于含氧溶剂及芳烃具有很好的防护效果。

要使防护手套发挥真正有效的防护作用，仅选择合适的手套类型是不够的，还需要正确使用。使用时需要注意下述几点：①每次使用之前要检查手套是否老化、损坏；②脱下手套前要适当清洗手套外部；③脱下已污染的手套时要避免污染物外露及接触皮肤；④已被污染的手套要先包好再丢弃；⑤可重复使用的手套在使用后要彻底清洁及风干；⑥选择适当尺码的手套；⑦接触过有毒物质的手套要在通风橱内脱下；⑧禁止在实验室外戴实验手套，禁止戴着实验手套接触日常用品，如电话、开关、键盘、笔、门把手等；⑨手套不用时要放在实验室里，远离挥发性物质，不要带到办公室、休息室及饭厅里。

3. 身体防护

防护服可以防止躯体受到各种伤害，同时防止日常着装不受污染。普通的防护服，即实验服，多以棉或麻为材料，制成长袖、过膝的对襟大褂形式，颜色多为白色，俗称白大褂。实验危害性和污染较小时，还可穿着防护围裙。当进行一些对身体危害较大的实验时，需要穿着专门的防护服。高温或低温作业要能保温，潮湿或浸水环境要能防水，可能接触化学液体时要具有化学防护功能，在特殊环境下要注意阻燃、防静电、防射线等。

4. 呼吸防护

实验室中一般使用防护口罩、防毒面具防止有毒气体或粉尘对呼吸系统的伤害。

① 棉布/纱布口罩：其功能与厚度相关，由于纱布纤维之间的间隙较大，仅能过滤空气中较大的颗粒物，阻挡口鼻飞沫，但对空气中微粒的过滤能力极为有限，对有害气体的过滤作用几乎没有。优点是可以洗涤后反复使用。

② 一次性无纺布口罩：经过静电处理的无纺布不仅可以阻挡较大的粉尘颗粒，而且还可利用其表面的静电引力将细小的粉尘吸附住，具有较高的阻尘效率。同时其滤料的厚度很薄，大大降低了使用者的呼吸阻力，舒适感很好。

③ 活性炭口罩：由无纺布、活性炭纤维布、熔喷布构成，为一次性口罩。对空气中低浓度的苯、氨、甲醛及有异味和恶臭的有机气体、酸性挥发物、农药、刺激性气体等多种有害气体及固体颗粒物可起到吸附、阻隔作用，具备防毒和防尘的双重效果。

④ 防尘口罩：美国国家职业安全卫生研究所（NIOSH）将粉尘类呼吸防护口罩按中间滤网的材质分为N、R、P三种。N代表not resistant to oil，可用来防护非油性悬浮微粒；R代表resistant to oil，可用来防护非油性及含油性悬浮微粒；P代表oil proof，可用来防护非油性及含油性悬浮微粒，其防油程度更高。按滤网材质的最低过滤效率，又可将口罩分为以下三种等级：95等级，表示最低过滤效率为95%；99等级，表示最低过滤效率为99%；100等级，表示最低过滤效率为99.97%。达到这些标准的口罩都能有效过滤悬浮微粒或病菌。N95口罩可阻挡北方冬天的雾霾进入呼吸系统，从而对呼吸系统起到有效的防护作用。

⑤ 防毒面具：防毒面具根据配套的滤盒不同，可以对颗粒、粉尘、病毒、有机气体、酸性气体、无机气体、酮类、氨气、汞蒸气、二氧化硫等几十种气体起阻挡作用。防毒面具本身不具有防毒功能，防毒面具需与对应的滤盒、滤棉等过滤产品配套，才能达到滤毒效果。防毒面具可以长期使用，配套滤盒需定期更换，滤盒一般可以使用15～30天。

5. 头部防护

实验过程中长发必须束起，必要时佩戴防护帽或头罩。在存在物体坠落或击打危险的环境中，还需佩戴安全帽。

6. 足部防护

实验人员不得在实验室内穿着拖鞋。根据实验的危险特点，需穿着防腐蚀、防渗透、防滑、防砸、防火花的保护鞋。

四、化学品泄漏的控制和处理

（一）化学品泄漏危险程度的评估

一旦泄漏发生，不要惊慌。尽量不要去触摸泄漏物、从泄漏物上面走动沾染或者吸入泄漏物。要按照应急程序来处理，首先评估化学品泄漏的危险程度。

1. 小的泄漏事故

通常小于 1L 的挥发物和可燃溶剂、腐蚀性液体、酸或碱，小于 100mL 的美国职业安全与健康标准（OSHA）管制的高毒性化学物质泄漏可认为是小的泄漏事故。即便是这样的事故，也必须了解其危险性并佩戴合适的个人防护设备才可以实施控制和清理。

2. 大的泄漏事故

满足下面一个或多个条件，就可视为大的泄漏事故。
① 人员发生需要医学观察的受伤情况；
② 起火或有起火的危险；
③ 超出相关人员的清理能力；
④ 没有后备人员帮助清理；
⑤ 没有需要的专业防护设备；
⑥ 不知道泄漏的是什么物质；
⑦ 泄漏可能导致伤亡；
⑧ 泄漏物进入周围环境（土壤和下水道、雨水口）。

大的泄漏事故必须报告公共安全或消防部门，交由受过专业培训和有专业装备的专业人士来处理。

（二）化学品泄漏的一般处理程序

化学品泄漏事故的处理程序一般包括报警、紧急疏散、现场急救、泄漏处理和控制几方面。

1. 报警

无论泄漏事故大小，只要发现化学品泄漏，需要立刻向上级汇报。及时传递事故信息，通报事故状态，是使事故损失降低到最低的关键。大的泄漏事故需首先向公安消防部门报告，拨打119，报告事故单位、事故发生的时间和地点、化学品名称、泄漏量、泄漏的速度、事故性质（外溢、爆炸、火灾）、危险程度、有无人员伤亡以及报警人姓名和联系电话。

2. 紧急疏散

根据化学品泄漏的扩散情况建立警戒区，迅速将警戒区内与事故应急处理无关的人员撤离，以减少不必要的人员伤亡。

3. 现场急救

在任何紧急事件中，人命救助是最高优先原则。当化学品对人体造成中毒、窒息、冻伤、化学灼伤、烧伤等伤害时，要立刻进行应急处理，并及时送往医院。救护时，不论患者还是救援人员都需要进行适当的防护。

4. 泄漏处理和控制

危险化学品的泄漏若处理不当，容易发生中毒或转化为火灾爆炸事故。因此化学品发生泄漏时，一定要处理及时、得当，避免重大事故的发生。在进入泄漏现场进行处理时，应注意以下几点。

① 进入现场的人员必须配备必要的个人防护器具。

② 如果泄漏的化学品易燃易爆，应严禁火种。扑灭任何明火及任何其他形式的热源和火源，以降低发生火灾爆炸的风险。

③ 应急处理时严禁单独行动，要有监护人，必要时用水枪掩护。

④ 应从上风、上坡处接近现场，严禁盲目进入。

（三）实验室化学品泄漏处理方法

1. 通常的处理流程

实验室存储的化学品量一般较少，当由于意外出现化学品泄漏，情况不严重时，可以参照以下方法处理。

① 应立即向同室人员示警。

② 根据泄漏物质的危险特性佩戴好相应的防护工具，如防化手套、防护眼镜、防护服等。

③ 用适用于该化学品的吸附条或吸附围栏围堵泄漏液体，以防泄漏品进一步污染大面积环境；或抛撒吸附剂（没有专业吸附剂，可用消防沙），并用扫帚等工具翻动搅拌至不再扩散。

④ 取出吸附垫，放置于围住的化学品液体表面上，依靠吸附垫的超强吸附力对化学品进行快速吸收，以减少由于化学品的挥发和暴露产生的燃爆危险和毒性。

⑤ 取出擦拭纸，对吸附垫、吸附条粗吸收处理后的残留物进行最后的完全吸收处理。

⑥ 最后，取出防化垃圾袋，将所有用过的吸附片、吸附条，黏稠的液体或固体及其他杂质，一起清理到垃圾袋里，扎好袋口，贴上有害废物标签。标签中必须注明有害废物的名称、产生区域和产生日期，放到泄漏应急处理桶内运走，交由专业的废弃物处理公司来处

理。泄漏应急处理桶可以在处理干净后，重新使用。

情况严重时，应立即向室内人员示警，关闭实验室电闸（非可燃气体泄漏）、实验室门，迅速撤离，报警。若危险大，还需疏散附近人员。如遇可燃气体泄漏，应迅速关闭阀门，打开窗户，迅速撤离，关闭实验室门，严禁开关、操作各种电气设备。

2. 化学品泄漏围堵的吸附材料

（1）吸附棉

处置化学品泄漏、油品泄漏最常用的物品是吸附棉。吸附棉由熔喷聚丙烯制成，具有吸附量大（一般为自重的10~25倍）、吸附快、可悬浮（浮于水面）、化学惰性、安全环保、不助燃、可重复使用、无储存时限、成本低等特点。吸附棉可分为通用型吸附棉（通常为灰色）、吸油棉（通常为白色）和吸液棉（化学品吸附棉，通常为红色或粉色，可用于酸、腐蚀性化学液体的吸附）三种。产品形式通常有垫（片）、条（索）、卷、枕、围栏等。

（2）吸附剂

吸附剂是一类具有适宜的孔结构或表面结构以及大的比表面积，对吸附质有强烈吸收能力，不与吸附质和介质发生化学反应的具有良好机械强度、制造方便、容易再生的物质，常为颗粒、粉末或多孔固体。用于泄漏处理的吸附剂通常有四种，分别是活性炭、天然无机吸附剂（沙子、黏土、珍珠岩、二氧化硅、活性氧化铝等）、天然有机吸附剂（木纤维、稻草、玉米秆等）及合成吸附剂（聚氨酯、聚丙烯、聚苯乙烯和聚甲基丙烯酸甲酯树脂等）。

3. 汞的泄漏处理

金属汞散失到地面上时，可用硬纸将汞珠赶入纸簸箕内，再收集到玻璃容器中，加水液封；也可用滴管吸起汞珠，收集到水液封的玻璃容器中；还可使用润湿的棉棒，将散落的小汞滴收集成大汞珠，再收集到水液封的玻璃容器中。更小的汞滴可用胶带纸粘起，放入密封袋或容器中。收集不起来的和落入缝隙中的小汞滴，可撒硫黄粉覆盖，用刮刀反复推磨使之反应生成硫化汞，再将硫化汞收集放入密封袋中；也可撒锌粉或锡粉生成稳定的金属汞齐。受污染的房间应将窗户和大门打开通风至少一天。注意在清除汞时必须戴上手套，使用过的手套同样放在密封袋中。放入污染物的容器和密封袋必须贴上"废汞"或"废汞污染物"的标签。

五、化学灼伤及化学中毒的应急处理

（一）引起化学灼伤的原因和症状

化学灼伤是常温或高温的化学物质直接对皮肤的刺激、腐蚀作用及化学反应热引起的急性皮肤损害，可伴有眼灼伤和呼吸道损伤。化学灼伤常由强酸、强碱、白磷、液溴、酚类等腐蚀性物质引起。伤处剧烈灼痛，轻者发红或起水疱，重者溃烂，创面不易愈合。某些化品可被皮肤、黏膜吸收，出现合并中毒现象。

（二）化学灼伤的紧急处理方法

1. 化学灼伤的紧急处理流程

① 迅速移离现场，脱去受污染的衣物，立即用大量流动清水冲洗 20~30min。碱性物质污染后冲洗时间应延长，特别注意眼及其他特殊部位如头面、手、会阴的冲洗。

② 对于有些化学物灼伤，如氰化物、酚类、氯化钡、氢氟酸等，在冲洗时应进行适当解毒急救处理。

③ 化学灼伤创面应彻底清创、剪去水疱、清除坏死组织。深度创面应立即或尽早进行削（切）痂植皮及延迟植皮。例如黄磷灼伤后应及早切痂，防止磷吸收中毒。

④ 灼伤创面经水冲洗后，必要时进行合理的中和治疗，例如氢氟酸灼伤，经水冲洗后，需及时用钙、镁的制剂局部中和治疗，必要时用葡萄糖酸钙动脉、静脉注射。

⑤ 烧伤面积较大时，应令伤员躺下，等待医生到来。头、胸应略低于身体其他部位，腿部若无骨折，应将其抬起。

⑥ 化学灼伤合并休克时，冲洗从速、从简，积极进行抗休克治疗。

⑦ 如患者神志清醒，并能饮食，应给予大量饮料。

⑧ 及时就医，进行进一步治疗。

2. 化学灼伤处理时的注意事项

① 三氯化铝、四氯化钛等物质应先用干布或纸擦除，再用水洗。

② 少量浓硫酸、氧化钙沾到皮肤上时用大量水冲洗；量多时，则需用干布或纸擦除，再用水洗。

③ 化学灼伤者不得服用酒精类饮料。

④ 眼部发生化学灼伤，必须尽快就近用清水或生理盐水清洗，拨开眼睑充分冲洗结膜囊，至少持续 10min。冲洗要及时、有效。如无颜面严重污染或灼伤，亦可采取浸洗，即将眼浸入水盆中，频频眨眼，也有较好效果。如果化学物质能与水发生作用，如生石灰等，则需先用沾有植物油的棉签或干毛巾擦去化学物质，再用水冲洗。冲洗处理后须立刻就医。冲洗时不要用热水，以免增加机体对有毒物质的吸收；水压不要过大，以免伤到眼球。

（三）化学品急性中毒的应急处理

下面介绍的是化学品中毒的一些通用应急方法。常见化学品中毒症状和急救方法可见附录三。

1. 一般性应急处理措施

当发现实验室有人员发生化学品急性中毒时，必须根据化学物质品种、中毒方式与当时病情进行有针对性的急救,同时应立刻拨打急救电话,找专业医生救治。一般性应急处理措施如下。

① 立即切断毒源,尽快使中毒者脱离中毒现场,移至空气新鲜处。

② 若化学品污染衣服、皮肤时,小心脱掉污染衣物,用清水或温水反复冲洗被污染皮肤,特别是皮肤皱褶、毛发处,至少冲洗 10min。若污染眼睛,处理方法同化学灼伤眼睛的处理方法。

③ 若吸入中毒,则需立刻清除中毒者鼻腔、口腔内的分泌物,除去义齿,解开衣领,放松身体,保持呼吸道通畅。

④ 若吞食中毒且中毒者神志清醒,则需根据中毒的化学品性质,采取催吐、服用大量稀释液、吸附剂、解毒剂等措施,降低有毒物质在体内的浓度。

⑤ 昏迷、抽搐的中毒者,应立即送往医院由医务人员为其做洗胃、灌肠、吸氧等处理。

⑥ 当昏迷中毒者出现频繁呕吐时,救护者要将其头部放低,使其口部偏向一侧,以防止呕吐物阻塞呼吸道引起窒息。

⑦ 若中毒者呼吸能力减弱,需立刻实施人工呼吸。实施时,需先用清洁的棉布包裹住手指将中毒者口腔中的呕吐物或药品残余清除,再进行人工呼吸;如果中毒者口腔污染严重,则需采用口对鼻方式进行人工呼吸。

⑧ 当中毒者呼吸、心跳停止时,应立即实施长时间的心肺复苏术抢救,待生命体征稳定后,再送往医院治疗。

⑨ 救治过程中用毛巾之类的东西盖在中毒者身体上对其进行保温。

2. 常用应急排毒方法

(1) 催吐

① 适用范围:神志清醒且有知觉者以及服入有毒药品不久且无明显呕吐者,通过催吐的方法可以排出体内大量的有毒物质,减少人体对毒素的吸收,其效果往往强于洗胃。已发生呕吐者应多次饮清水或盐水使其反复呕吐。胃的排空时间为 1.5~4h,催吐进行得越早,毒物就清理得越完全。

② 物理催吐法:用手指或匙子的柄摩擦患者的喉头或舌根使其呕吐。

③ 饮服催吐法:服用吐根糖浆等催吐剂,或在 80mL 热水中溶解一匙食盐作为催吐剂服用。

④ 禁忌:吞食酸、碱类腐蚀性药品或石油、烃类液体时,因有胃穿孔或胃中的食物吐出有呛入气管的危险,不可催吐。意识不清者也不可催吐,易造成窒息。

(2) 洗胃

洗胃是指将一定成分的液体灌入胃腔内,混合胃内容物后再抽出,如此反复多次,以清除胃内未被吸收的毒物或清洁胃腔。

① 适用范围:在催吐失败或昏迷者无法催吐时,应立即洗胃。对于急性中毒,如短时间内吞服有机磷、无机磷、生物碱、巴比妥类药物等,洗胃是一项重要的抢救措施。一般在食入有毒物质 6h 以内均可洗胃。如在食入毒物前胃内容物过多、毒物量大,或有毒物质在胃吸收后又可再排至胃内,超过 6h 也不应该放弃洗胃。

② 洗胃方式：最简便的方式是注射器抽吸法。患者可取坐位，昏迷患者取平卧头侧位。需要注意的是：插入胃管时，如患者出现咳嗽、发绀，可能误入气管，须迅速拔出重插。

③ 洗胃液的选择：最常用35～38℃温开水，也可用清水或生理盐水。洗胃液的温度切不可过高，否则会扩张血管，加速毒物吸收。

④ 禁忌：强腐蚀性毒物中毒时，禁止洗胃，以免穿孔。应服用保护剂及物理性对抗剂，如牛奶、蛋清、米汤、豆浆等保护胃黏膜。肝硬化伴食管静脉曲张、食管阻塞、胃癌、消化道溃疡、出血患者应慎行胃管插入。胸主动脉瘤、重度心功能不全、呼吸困难者也不能洗胃。

(3) 导泻

洗胃后，在拔胃管前可向胃内注入导泻剂，通过腹泻清除已进入肠道内的毒物。如果服入有毒物质的时间较长，比如超过两三个小时，而且精神较好，则可口服一些泻药，促使中毒食物尽快排出体外。

常用导泻剂有甘露醇、硫酸镁或硫酸钠溶液。一般硫酸钠溶液较硫酸镁溶液安全，用时可一次性口服含15～30g硫酸钠的温水溶液。

禁忌：体质极度衰弱者，已严重脱水者、强腐蚀性毒物中毒者及孕妇禁用导泻。

3. 常用应急解毒方法

(1) 服用吸附保护剂

为了降低胃中药品的浓度，延缓毒物被人体吸收的速度，保护胃黏膜，可饮食下述任一种物质：牛奶、打散的蛋液、面粉、淀粉、土豆泥的悬浮液以及水等。

如果不能及时找到上述物品，可在500mL蒸馏水中加入约50g活性炭，服用前再添加400mL蒸馏水，并将其充分摇动润湿，然后给患者分次少量吞服。一般10～15g活性炭，大约可吸收1g毒物。

(2) 万能解毒剂

两份活性炭、一份氧化镁和一份丹宁酸混合均匀而成的物质被称为万能解毒剂。如果误服了化学品，可将2～3茶匙此药剂，加入一杯水做成糊状，服用。

(3) 沉淀剂

如果发生重金属中毒，可立刻喝一杯含有几克硫酸镁的水溶液，沉淀重金属离子。

(4) 重金属螯合剂

当重金属中毒时，可用螯合剂除去体内的重金属离子。重金属的毒性，主要由它与人体内酶的巯基（—SH）结合而产生。加入配位能力强于巯基的螯合剂后，螯合剂会与重金属结合而释放出巯基，故能有效地消除由重金属引起的中毒。重金属与螯合剂形成的配合物，易溶于水，可从肾脏中排出。服用螯合剂的同时，一般给患者体内输入利尿剂（10%的右旋糖酐溶液或20%的甘露醇溶液），利尿排毒。

医疗上常用的螯合剂有以下物质：乙二胺四乙酸钙二钠（$CaNa_2 \cdot EDTA$），适用于铅、镉、锰中毒；2,3-二巯基丙醇（BAL），适用于汞、砷、铬中毒；β-二甲基半胱氨酸，适用于铅、汞中毒；二乙基二硫代氨基甲酸钠三水合物，适用于铜中毒等。但是镉中毒时，使用螯合剂会使肾的损伤加剧，因此尽量不用螯合剂。有机铅之类物质中毒时，用螯合剂解毒无效。此外，螯合剂对生物体所必需的重金属也起螯合作用，使用时需谨慎。

六、练 习 题

(一) 判断题

1. 皮肤接触活泼金属（如钾、钠）时，可用大量水冲洗。（　　）
2. 有毒化学药品溅在皮肤上时，可用乙醇等有机溶剂擦洗。（　　）
3. 烫伤不重时，可涂凡士林、万花油，再送到医院处理。（　　）
4. 实验室产生的危险性废液必须回收，交由学校统一处理。由专门机构负责无害化处理，使其变为无害物质，尽量减少对环境的污染。（　　）
5. 化学危险品，是指具有毒害、腐蚀、爆炸、燃烧、助燃等性质，对人体、设施、环境具有危害的剧毒化学品和其他化学品。（　　）
6. 在化学药品管理时，强氧化剂和强还原剂必须分开存放，使用时轻拿轻放，远离热源。（　　）
7. 实验室不得存放过多的有机溶剂及易燃物。（　　）
8. 过氧化物、高氯酸盐、叠氮盐、乙炔盐、三硝基甲苯等易爆物质，受震或受热时可能发生爆炸。（　　）
9. 不可佩戴隐形眼镜做化学实验。（　　）
10. 储存在冰箱内的所有容器，应当清楚地标明内容物的品名、储存日期和储存者的姓名。（　　）
11. 打开易挥发或浓酸、浓碱试剂的瓶塞时，瓶口不要对着脸部或其他人，必须在通风橱中打开瓶塞。（　　）
12. 防护面具的选用应以等级为最优先的考量。（　　）
13. 在使用化学品之前，应先查阅 MSDS，即化学品安全技术说明书。（　　）
14. 做需要搅拌的实验时，找不到玻璃棒，可以用温度计代替。（　　）
15. 取用后剩余的化学品，不可放回原试剂瓶中。（　　）
16. 进行有机合成时，加热或放热反应不能在密闭的容器中进行。（　　）
17. 在进行萃取或洗涤操作时，为了防止物质高度浓缩而导致内部压力过大，产生爆炸，应该注意及时排出产生的气体。（　　）
18. 因为乙醚长时间与空气接触可以形成羟乙基过氧化氢，成为一种具有猛烈爆炸性的物质，因此，在蒸馏乙醚时不能将液体蒸干。（　　）
19. 所有爆炸物激发均需外界供氧，隔绝氧气可以防止爆炸物发生爆炸。（　　）
20. 化学品场所安全警示标识，一般使用黑色符号加白色背景，方块边框为红色。（　　）

(二) 单选题

1. 苯酚毒性非常大，当实验室发生苯酚泄漏时，应该采取的措施是：（　　）。

A. 用水冲洗 B. 不用处理，直接扫走
C. 用沙土、干燥石灰或苏打灰混合覆盖 D. 加酸处理

2. 实验室常用的重铬酸钾洗液，当其失效时洗液颜色变为（　　）。
A. 绿色 B. 无色 C. 暗红 D. 黄色

3. 放置时间过长的乙醚在使用前应该做什么预备处理？（　　）
A. 用碘化钾检测后，加入还原剂如硫酸亚铁水溶液等除去过氧化物以防爆炸
B. 重蒸 C. 干燥除水

4. 未反应完的活泼金属残余物应如何处理？（　　）
A. 连同溶剂一起作为废液处理
B. 缓慢滴加无水乙醇将所有金属反应完毕后，整体作为废液处理
C. 将金属取出暴露在空气中，使其氧化完全
D. 重新浸泡在煤油或石蜡中

5. 乙醚的沸点是 34.6℃，正确的保存方式是：（　　）。
A. 低温通风处保存 B. 露天存放
C. 开口放置 D. 放在普通冰箱中保存

6. 危险化学品的 LD_{50} 代表什么意义？（　　）
A. 致死量 B. 导致一半受试动物死亡的有害物质剂量
C. 导致一半受试动物死亡的浓度

7. 下列何种物质会发生爆炸？（　　）
A. 氧化锌 B. 三硝基甲苯 C. 四氯化碳 D. 氧化铁

8. 易燃固体火灾扑救时一般都能用水、沙土、石棉毯、泡沫、二氧化碳、干粉等灭火剂扑救，但下列说法不正确的是：（　　）。
A. 易燃固体燃点较低，受热、冲击、摩擦或与氧化剂接触能引起急剧及连续的燃烧或爆炸
B. 易燃固体发生火灾时，如铝粉、镁粉等着火不能用水和泡沫灭火剂扑救
C. 粉状固体着火时，应当用灭火剂直接强烈冲击着火点
D. 磷的化合物、硝基化合物和硫黄等易燃固体着火燃烧时会产生有毒和刺激性气体，扑救时人要站在上风向，以防中毒

9. 领取剧毒物品时，必须（　　）。
A. 双人领用（其中一人必须是实验室的教师）
B. 单人领用
C. 双人领用（两人都是实验室的学生）

10. 下列加热热源，化学实验室原则上不得使用的是：（　　）。
A. 明火电炉 B. 水浴、蒸汽浴
C. 油浴、沙浴、盐浴 D. 电热板、电热套

11. 如果在实验过程中闻到烧焦的气味，应如何处理？（　　）
A. 关机走人
B. 打开通风装置通风
C. 立即断电并报告相关负责人员
D. 请同实验的人帮忙检查

12. 把玻璃管或温度计插入橡胶塞或软木塞时，常常会折断而使人受伤。下列不正确的操作方法是：（　　）。

　　A. 可在玻璃管上沾些肥皂水或甘油等作润滑剂

　　B. 橡胶塞等钻孔时，打出的孔比管径略小，可用圆锉把孔锉一下，适当扩大孔径

　　C. 一手拿着塞子，一手拿着玻璃管，边旋转边慢慢地把玻璃管插入塞子中

　　D. 操作时双手距离较远

13. 有毒化学品可以通过皮肤、消化道及呼吸系统三种主要方式对人体健康产生危害，下列防护措施中不正确的是：（　　）。

　　A. 实验过程中使用三氯甲烷时戴防尘口罩

　　B. 实验过程中移取强酸、强碱溶液时应戴防酸碱手套

　　C. 实验场所严禁携带食物；禁止用饮料瓶装化学药品，防止误食

　　D. 称取粉末状的药品时，要戴过滤式防尘口罩以防止吸入

14. 当有汞（水银）洒落时，现场应如何处理？（　　）

　　A. 用水擦　　　　　　B. 用拖把拖

　　C. 扫干净后倒入垃圾桶

　　D. 将洒落的水银收集至密封容器中，加水或甘油液封，再用硫黄粉覆盖地面或桌面，收集后统一处理

15. 应如何简单辨认有味的化学药品？（　　）

　　A. 用鼻子对着瓶口去辨认气味

　　B. 用舌头品尝试剂

　　C. 将瓶口远离鼻子，用手在瓶口上方扇动，稍闻其味即可

16. 白（黄）磷接触空气即能发生强烈氧化作用，应如何保存？（　　）

　　A. 保存在水中　　　　B. 放在试剂瓶中保存　　　　C. 用纸包裹存放

17. 减压蒸馏时应用下列哪一种器皿作为接收瓶和反应瓶？（　　）

　　A. 薄壁试管　　　　B. 锥形瓶　　　　C. 平底烧瓶　　　　D. 圆底烧瓶

18. 按毒性从大到小将以下药品排序（　　）。

　　A. 甲醛、苯、甲苯、丙酮　　　　　　　　B. 苯、甲醛、甲苯、丙酮

　　C. 甲苯、甲醛、苯、丙酮　　　　　　　　D. 丙酮、甲苯、苯、甲醛

19. 下列几种物质中哪一种物质与乙醇混溶时易发生爆炸？（　　）

　　A. 高氯酸　　　　B. 乙醚　　　　C. 水　　　　D. 丙酮

20. 下面哪一组溶剂不属易燃液体？（　　）

　　A. 甲醇、乙醇　　　　　　　　　　　　　B. 四氯化碳、乙酸

　　C. 乙酸丁酯、石油醚　　　　　　　　　　D. 甲苯、丙酮

（三）多选题

1. 以下什么物质引起的皮肤灼伤禁用水洗？（　　）

　　A. 五氧化二磷　　　　B. 五硫化磷　　　　C. 五氯化磷　　　　D. 冰醋酸

2. 相互接触时，可能会大量放热并着火、爆炸的有：（　　）。

A. $KMnO_4$ 和乙醇　　　　　　　　　　　B. $KMnO_4$ 和浓硫酸

C. CCl_4 和碱金属　　　　　　　　　　　D. 浓 HNO_3 和胺类

3. 下列哪些物质与有机物、镁粉、铝粉、锌粉可形成爆炸性混合物？（　　）

A. H_2O_2　　　　B. NH_4NO_3　　　　C. K_2SO_4　　　　D. 高氯酸及其盐

E. 重铬酸及其盐　　　F. 高锰酸盐

4. 使用碱金属引起燃烧时应如何处理？（　　）

A. 使用泡沫灭火器灭火

B. 使用水灭火

C. 火势较小或在容器中燃烧时，马上用干沙或石棉布盖熄

D. 火势较大时，马上移去临近可燃物，关闭热源和电源，再用干粉灭火器灭火

5. 活泼金属遇水即可发生激烈反应，应如何存放？（　　）

A. 直接放在试剂瓶中保存

B. 浸没在煤油或石蜡中密闭保存

C. 用纸密封包裹存放

D. 不得和酸性物质及氧化剂一起存放

6. 有下列气体产生时须在通风橱内操作的是：（　　）。

A. 硫化氢　　　　B. 氯化氢　　　　C. 氟化氢　　　　D. 溴

E. 二氧化碳　　　F. 氮气

7. 以下哪些是剧毒化学试剂？（　　）

A. 氰化钾　　　　B. 三氧化二砷　　　C. 四氯化碳　　　D. 二氯化汞

E. 环己烷　　　　F. 乙酸乙酯

8. 一般将闪点在 25℃ 以下的化学试剂列入易燃化学试剂，它们多是极易挥发的液体。以下哪些物质是易燃化学试剂？（　　）

A. 乙醚　　　　　B. 苯　　　　　　C. 二氯甲烷　　　D. 汽油

9. 以下药品中，严禁与水接触的是：（　　）。

A. 金属钠、钾　　B. 电石　　　　　C. 白磷　　　　　D. 金属氢化物

10. 水不能扑救的火灾有：（　　）。

A. 金属　　　　　　　　　　　　　　B. 碱金属氢化物

C. 不溶于水的易燃液体　　　　　　　D. 高压电气装置火灾

11. 实验室发生紧急事故时，正确的应对策略是：（　　）。

A. 发生大的突发事故后，人身安全才是最重要的，事故现场人员首先应尽快有序地从安全通道撤离，等事故得到控制之后再回来处理其他事情

B. 听从指挥

C. 发生小型着火事故时，应防止火势蔓延（采取切断电源、移走易燃物品、灭火等措施）

D. 如被困室内（电梯内），应设法呼救

12. 有些固体化学试剂（如硫化磷、赤磷、镁粉等）与氧化剂接触或在空气中受热、受冲击或摩擦时能引起急剧燃烧，甚至爆炸。使用这些化学试剂时，要注意什么？（　　）

A. 要注意周围环境湿度不要超过 75％

B. 周围温度一般不要超过 30℃，最好在 20℃ 以下

C. 不要与强氧化剂、卤素、酸类、氯代烃接触

13. 使用不了解的化学药品前应做好的准备有：（　　）。

A. 明确这种药品在实验中的作用

B. 掌握这种药品的物理性质和化学性质

C. 了解这种药品的毒性及防护措施

D. 了解这种药品对人体的侵入途径、危险特性及中毒后的急救措施

14. 实验开始前应该做好哪些准备？（　　）

A. 必须认真预习，理清实验思路

B. 应仔细检查仪器是否有破损，掌握正确安装使用仪器的要点

C. 弄清水、电、气的管线开关和标记，保持清醒头脑，避免违规操作

D. 了解实验中使用的药品的性能和有可能引起的危害及相应的防护措施

15. 容器中的溶剂发生燃烧时应如何处理？（　　）

A. 用干粉灭火器灭火　　B. 加水灭火

C. 加沙子灭火　　　　　D. 用瓷砖、玻璃片或石棉布盖熄

16. 少量溶剂溅出并燃烧时应如何处理？（　　）

A. 使用灭火器灭火　　　　　　　　　B. 在燃烧处覆盖沙子或浇水

C. 尽快移去临近可燃物，关闭热源和电源再灭火

D. 用石棉布盖住燃烧处

17. 取用化学药品时，必须遵守的原则是：（　　）。

A. 不能用手直接接触化学药品

B. 为防止污染化学品，瓶塞应倒置桌面上，取用后立即盖严

C. 使用干净的器具，并且禁止混用

D. 取出后的化学品不能倒回原瓶，应放入其他合适的容器中另做处理

18. 存储化学品时，应注意的事项有：（　　）。

A. 化学危险品应当分类、分项存放，相互之间保持安全距离

B. 遇火、遇潮容易燃烧、爆炸或产生有毒气体的化学危险品，不得在露天、潮湿、漏雨或低洼容易积水的地点存放

C. 受阳光照射易燃烧、易爆炸或产生有毒气体的化学危险品和桶装、罐装等易燃液体、气体应当在阴凉通风地点存放

D. 化学性质防护和灭火方法相互抵触的化学危险品，不得在同一仓库或同一储存室存放

19. 接触剧毒化学品时，常用的防护用品有哪些？（　　）

A. 工作服　　　　　　　　　　　　B. 防毒面具（配有相应的吸附剂）

C. 橡胶手套　　　D. 防护眼镜　　　　E. 一次性口罩

20. 处理废液时下列哪项处理措施是正确的？（　　）

A. 用剩的液体倒回原瓶中以免浪费

B. 废液收集起来放在指定位置，统一进行处理

C. 禁止将水以外的任何物质倒入下水道，以免造成环境污染和处理人员危险

D. 因为氢氟酸为弱酸，所以可以将其废液倒入到浓硫酸的收集桶里，但是禁止倒入氢氧化钠桶里

第三章
实验室安全操作规范

一、化学实验基本操作规范

(一) 重结晶与减压过滤的操作规范

在有机化学反应中，固体有机产物中常含有一些副产物、未反应完全的原料和某些杂质，重结晶就是提纯固体有机化合物的有效方法。这种方法是利用有机化合物在不同溶剂中及不同温度条件下的溶解度不同，使被提纯物质从过饱和溶液中析出，而杂质全部或大部分仍留在溶液中，从而达到提纯的目的。重结晶一般包括选择适当溶剂、制备饱和溶液、脱色、过滤、冷却结晶、分离、洗涤、干燥等过程。减压过滤装置如图3-1所示。

1. 操作规范

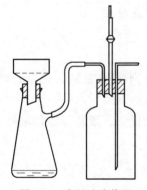

图 3-1　减压过滤装置

① 对溶剂的要求：不与重结晶物质发生化学反应；在温度较高时，重结晶物质在溶剂中的溶解度较大，而在室温或低温时，溶解度很小；杂质不溶于热的溶剂，或者杂质在低温条件下在溶剂中的溶解度很大，不随晶体一起析出；能结出较好的晶形且易与结晶分离除去，无毒或毒性很小，便于操作。

② 热的饱和溶液的制备：通过实验结果或查阅溶解度计算所需溶剂的量，溶剂加入量太少，会形成过饱和溶液，晶体析出很快，热过滤时会有大量的结晶析出并残存在滤纸上，影响产品的收率；加入量过多，不能形成饱和溶液，冷却后析出的晶体少。

③ 一般用活性炭除去有色杂质和树脂状物质，其加入量为固体的 1%～5%，加入量太少不能达到脱色的目的，加入量太多，会使产品包裹在活性炭中从而降低产量。加入活性炭后煮沸 5～10min，趁热过滤。

④ 抽滤前先将剪好的滤纸放入布氏漏斗中，滤纸的直径不可大于漏斗底边缘，否则滤液会从折边处流出造成损失。将滤纸润湿后，可先倒入部分滤液（不要将溶液一次倒入），启动循环水泵，通过缓冲瓶（安全瓶）上的二通活塞调节真空度，开始真空度不要太高，这

样不致滤纸抽破，待滤饼已结一层后，再将余下溶液倒入，逐渐提高真空度，直至抽"干"为止。

2. 安全事项

① 为避免溶剂挥发、可燃性溶剂着火或有毒溶剂导致中毒，必要时应在锥形瓶上装置回流冷凝管，溶剂可从冷凝管的上端加入。

② 若使用煤气灯等明火加热，当所用溶剂（如乙醚）易燃易爆时，应特别小心，热过滤时应将火源撤掉，以防引燃着火。

③ 如果在溶液沸腾状态下加入活性炭会引起暴沸，导致液体喷溅造成烫伤或其他事故，因此在加入活性炭之前，应将溶液稍微冷却。

④ 热过滤时先用少量热的溶剂润湿滤纸，以免干滤纸由于吸收溶液中的溶剂，析出结晶而堵塞滤纸孔，影响抽滤效果。

⑤ 抽滤结束后，先打开放空阀使系统与大气相通，再停泵，以免产生倒吸现象。

（二）蒸馏与减压蒸馏的操作规范

蒸馏及减压蒸馏是分离和提纯液体有机化合物的常用方法，减压蒸馏特别适用于那些在常压蒸馏时未达到沸点即已受热分解、氧化或聚合的物质。蒸馏部分由蒸馏瓶、克氏蒸馏头、毛细管、温度计、冷凝管、接收器等组成；减压蒸馏装置主要由蒸馏、抽气（减压）、安全保护和测压部分组成。由于蒸馏和减压蒸馏的物料大多数易燃、易爆、有毒或有腐蚀性，蒸馏过程还涉及玻璃仪器内压力的变化，因此，蒸馏过程中如果操作不当有可能引起爆炸、火灾、中毒等危险。普通蒸馏装置见图3-2，减压蒸馏装置见图3-3。

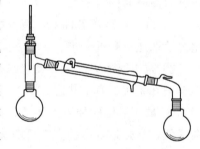

图3-2 普通蒸馏装置

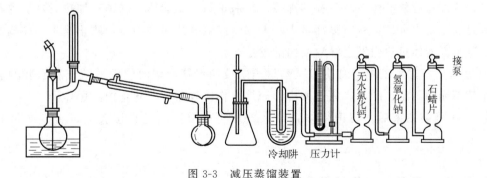

图3-3 减压蒸馏装置

1. 操作规范

① 蒸馏装置必须正确安装。常压操作时，切勿造成密闭体系。减压蒸馏时要用圆底烧瓶作接收器，不可用锥形瓶或平底烧瓶，否则可能会发生炸裂甚至爆炸。减压蒸馏按要求安

装好仪器后，先检查系统的气密性。若使用毛细管作汽化中心，应先旋紧毛细管上的螺旋夹子，打开安全瓶上的二通活塞，然后开启真空泵，逐渐关闭活塞。若系统压力可以达到所需真空度且基本保持不变，说明系统密闭性较好。若压力达不到要求或变化较大，说明系统有漏气，应仔细检查各个接口的连接部位，必要时加涂少量真空油脂进一步密封。

② 蒸馏或减压蒸馏中蒸馏液体的加入量不得超过蒸馏瓶容积的 1/2。减压蒸馏时，加过药品后，关闭安全瓶上的活塞，开启真空泵抽气，通过毛细管上的螺旋夹调节空气的导入量，以能冒出一连串小气泡为宜。

③ 严禁明火直接加热，应根据液体沸点的高低使用油浴、沙浴或水浴。加热速度宜慢不宜快，避免液体局部过热，一般控制馏出速率为 1~2 滴/s，蒸馏时严禁蒸干。

④ 蒸馏易燃物质时，装置不能漏气，如有漏气，则应立即停止加热，检查原因，解决漏气问题后再重新开始。接收器支管应与橡胶管相连，使余气通往水槽或室外。循环冷凝水要保持畅通，以免大量蒸气来不及冷凝溢出而造成火灾。

⑤ 减压蒸馏完毕后，撤去热源，再抽气片刻，使蒸馏瓶以及残留液冷却。缓慢打开毛细管上的螺旋夹，并打开安全瓶上的活塞，使系统与大气相通，内外压力平衡，然后关泵。

2. 安全事项

① 蒸馏装置不可形成密闭体系；减压蒸馏时应使用克氏蒸馏头，以减少由于液体暴沸而溅入冷凝管的可能性。

② 由于在减压条件下，蒸气的体积比常压下大得多，液体的加入量应严格控制，不可超过蒸馏瓶体积的一半。

③ 减压蒸馏应使用二叉管或三叉管作接液管，接收不同馏分时，只需转动接液管即可，不会破坏系统的真空状态。

④ 减压蒸馏时加入液体后，待真空稳定再开始加热。因为在减压条件下，物质的沸点会降低，加热过程中抽真空可能会引起液体暴沸。

⑤ 蒸馏加热前应放 2~3 粒沸石以防止暴沸，如果在加热后才发现未加沸石，应立即停止加热，待被蒸馏的液体冷却后补加沸石，然后重新开始加热。严禁在加热时补加沸石，否则会因暴沸而发生事故。减压蒸馏时需用毛细管或磁搅拌代替沸石，防止暴沸，使蒸馏平稳进行，避免因液体过热而发生暴沸冲出的现象。

⑥ 在减压蒸馏系统中，要使用厚壁耐压的玻璃仪器，切勿使用薄壁或有裂缝的玻璃仪器，尤其不能用不耐压的平底瓶（如锥形瓶等）作接收器，以防止内向爆炸。

⑦ 减压蒸馏结束后，切记待体系通大气后再关泵，不能直接关泵，否则有可能引起倒吸。

（三）水蒸气蒸馏的操作规范与安全

水蒸气蒸馏是提纯、分离有机化合物常用的方法之一。这种方法是在不溶于水或难溶于水的有机物中通入水蒸气或与水共热，从而将水与有机化合物一起蒸出，达到分离和提纯的目的。被分离的有机化合物的性质应满足：难溶或不溶于水；长时间与水共沸不会发生化学反应；在100℃左右，具有一定的蒸气压，一般不小于1.33kPa。水蒸气蒸馏常用于从大量树脂状杂质或不挥发性杂质中分离有机物、从固体混合物中分离易挥发物质以及常压下蒸馏易分解的化合物。水蒸气蒸馏装置（图3-4）通常由蒸馏器和水蒸气发生器两部分组成。

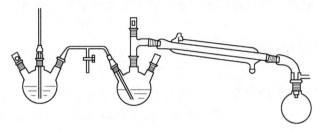

图3-4 水蒸气蒸馏装置

1. 操作规范

① 水蒸气发生器可以是金属容器或大的圆底烧瓶，水量一般以其容积的2/3为宜。

② 水蒸气发生器中的安全管应插到发生器的底部，若体系内压力增大，水会沿玻璃管上升，起到调节压力的作用。

③ 水蒸气发生器与蒸馏瓶之间的蒸汽导管应尽可能短，以减少蒸汽的冷凝量。

④ 蒸汽导管的下端应尽量接近蒸馏瓶的底部，但不能与瓶底接触。

⑤ 当有大量蒸汽冒出并从T形管冲出时，旋紧螺旋夹，开始蒸馏。如果由于水蒸气的冷凝而使蒸馏瓶内液体增多，可适当加热蒸馏瓶。

⑥ 控制蒸馏速率，馏分以2~3滴/s为宜。

⑦ 通过蒸汽发生器的液面，观察蒸馏是否顺畅。如水平面上升很快，说明系统有堵塞，应立即旋开螺旋夹，撤去热源，进行检查。

⑧ 当馏出液无明显油珠、澄清透明时，停止蒸馏。松开螺旋夹，移去热源，防止倒吸现象。

2. 安全事项

① 进行水蒸气蒸馏操作时，先将被蒸溶液置于长颈圆底烧瓶中，加入量不超过其容积的1/3。

② 加热水蒸气发生器，直至水沸腾，使水蒸气平稳均匀地进入圆底烧瓶中。

③ 为了使蒸汽不致在蒸馏瓶中冷凝积累过多，必要时可适当对其加热，但应控制加热速度，使蒸汽能在冷凝管中全部冷凝下来。

④ 当蒸馏固体物质时，如果随水蒸气挥发的物质具有较高的熔点，易在冷凝管中凝结为固体，此时应调小冷凝水的流速，使其冷凝后仍然保持液态。如果已有固体析出，并且接近阻塞时，可暂停冷凝水甚至将冷凝水放出，若仍然无效则应立即停止蒸馏。

⑤ 若冷凝管已被阻塞，应立即停止蒸馏，并设法疏通（可用玻璃棒将阻塞的晶体捅出或用电吹风的热风吹化结晶，也可在冷凝管夹套中灌以热水使之熔化后流出）；当冷凝管夹

套中需要重新通入冷却水时，要小心缓慢，以免冷凝管因骤冷而破裂。

⑥ 当中途停止蒸馏或结束蒸馏时，一定要先打开 T 形管下方的螺旋夹，使其与大气相通后才可停止加热，以防蒸馏瓶中的液体倒吸进入水蒸气发生器中。

⑦ 在蒸馏过程中，如果安全管中的水位迅速上升，则表示系统中发生了堵塞，此时应立即打开活塞，移去热源，待解决堵塞问题后再继续进行水蒸气蒸馏。

（四）回流反应的操作规范

回流反应是化学反应中最常见、最基本的操作之一，适用于需长时间加热的反应或用于处理某些特殊的试剂。由于反应可以保持在液体反应物或溶剂的沸点附近（较高温度）进行，因此可显著地提高反应速率，缩短反应时间。回流反应装置一般由加热、反应瓶、搅拌、冷凝、干燥、吸收等几个部分组成。回流滴加装置见图 3-5。

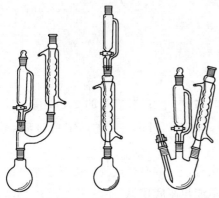

图 3-5　回流滴加装置

1. 操作规范

① 确定主要仪器（通常是烧瓶）的高度，按从下至上、从左到右的顺序安装。

② 十字夹应开口向上，以免由于其脱落导致烧瓶夹失去支撑；烧瓶夹应套有橡胶管以免金属与玻璃直接接触；固定烧瓶夹和玻璃仪器时，用左手手指将双钳夹紧，再逐步拧紧烧瓶夹螺丝，做到不松不紧。

③ 烧瓶夹应分别夹在烧瓶的磨口部位及冷凝管的中上部。

④ 冷凝管中的冷凝水采取"下进水、上出水"的方式，即进水口在下方，出水口在上方。

⑤ 正确安装好装置后，应先将冷却水通入冷凝管中，再开始加热并根据反应特点控制加热速度。

⑥ 当烧瓶中的液体沸腾后，调整加热温度，控制反应速度，一般以上升的蒸汽环不超过冷凝管的长度的 1/3 为宜，温度过高，蒸汽来不及充分冷凝，不易全部回到反应瓶中；温度过低，反应时间延长。

⑦ 反应完毕，拆卸装置时应先关掉电源，停冷凝水，再拆卸仪器，拆卸的顺序与安装顺序相反，其顺序是从右至左，先上后下。

⑧ 进行回流反应时，必须有人在现场，不得出现脱岗现象。

⑨ 进入实验室要做好个人的安全防护，穿实验服，必要时应佩戴防护眼镜、面罩和手套等。

2. 安全事项

① 安装仪器前应仔细检查玻璃仪器有无裂纹、是否漏气，以免在反应过程中出现液体

泄漏或气体冲出造成事故。

② 采用电热套加热时，一般不要使烧瓶底部与电热套底部接触以免造成反应体系局部过热。

③ 要充分考虑冷凝水水压的变化（如白天和晚上的区别），以免由于水压太大造成进水管脱落引发漏水跑水事故。

④ 一般的回流反应需要加沸石或搅拌以免暴沸。

⑤ 一定要使反应体系与大气保持相通，切忌将整个装置密闭，以免发生安全事故。

⑥ 对于低沸点、易挥发或有毒有害的气体应采取必要的冷凝和吸收措施。

（五）搅拌装置的操作规范

搅拌是化学反应中常用的方法。搅拌的作用有：可以使两相充分接触、反应物混合均匀、滴加的原料快速均匀分散；使温度分布均匀，避免或减少因局部过浓、过热而引起副反应的发生；在密闭容器中加热，可防止暴沸；缩短反应时间，加快反应速度或蒸发速度。常见的搅拌装置有机械搅拌和磁力搅拌两种。

1. 机械搅拌

机械搅拌装置（图3-6）是由电机带动搅拌棒转动从而达到搅拌目的的一种装置，主要由电动机、搅拌棒和搅拌密封装置三部分组成。

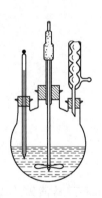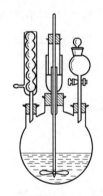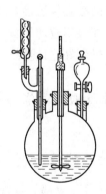

图 3-6　机械搅拌装置

（1）操作规范

① 安装搅拌装置时，要求搅拌棒垂直安装，与反应仪器的管壁无摩擦和碰撞，转动灵活。

② 搅拌棒与电机轴之间可通过两节橡胶管和一段玻璃棒连接。不能将玻璃搅拌棒直接与搅拌电机轴相连，以免造成搅拌棒磨损或折断。

③ 搅拌棒的形状有多种，但安装时，都要求搅拌棒下端距瓶底应有适当的距离，距离太远影响搅拌效果（如积聚于底部的固体可能得不到充分搅拌），也不能贴在瓶底上。

（2）安全事项

① 不能在超负荷状态下使用机械搅拌装置，否则易因电机发热而烧毁。

② 使用时必须接上地线以确保安全。

③ 适宜的搅拌速度可以减小振动，延长仪器的使用寿命。
④ 操作时，若出现搅拌棒搅拌不稳的现象，应及时关闭电源，调整相关部位。
⑤ 平时要保持仪器的清洁干燥，防潮防腐蚀。

2. 磁力搅拌

磁力搅拌装置是利用磁性物质同性相斥的特性，通过可旋转的磁铁片带动磁转子旋转而达到搅拌目的的一种装置。磁力搅拌器一般由可调节磁铁转速的控制器和可控制温度的加热装置组成，适用于黏稠度不是很大的液体或者固液混合物。磁力搅拌装置比机械搅拌装置简单、易操作，且更加安全，缺点是不适用于大体积和黏稠体系。

（1）操作规范

① 使用之前应检查调速旋钮是否归零，电源是否接通，以确保安全。
② 选择大小适中的磁转子，加入试剂之前试运转，保证搅拌效果。
③ 打开搅拌开关，由低到高逐级调节调速旋钮至达到所需转速。
④ 若发现磁转子出现不转动或跳动，检查转子与反应器的相对位置是否正确。
⑤ 及时收回磁转子，不要将其随反应废液或固体倒掉。
⑥ 保持适宜转速，防止剧烈振动，尽量避免长时间高速运转。

（2）安全事项

① 使用前要认真检查仪器的配置连接是否正确，选择合适的磁转子。
② 不要高速直接启动，以免因搅拌子不同步而引起跳动。
③ 不搅拌时不应加热，不工作时应关闭电源。
④ 使用时最好连接地线，以免发生事故。

（六）液体萃取、洗涤与干燥的操作规范

1. 液体萃取、洗涤

萃取和洗涤是分离、提纯有机化合物常用的操作。萃取是用溶剂从液体或固体混合物中提取所需要的物质，洗涤是从混合物中洗掉少量的杂质，洗涤实际上也是一种萃取。实验室中最常见的萃取仪器是分液漏斗。萃取操作如图3-7所示。

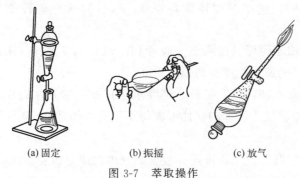

(a) 固定　　　　(b) 振摇　　　　(c) 放气

图 3-7　萃取操作

（1）操作规范

① 选用容积比被萃取液总体积大一倍以上的分液漏斗。

② 加入一定量的水，振荡，检查分液漏斗的塞子和旋塞是否严密，分液漏斗是否漏水，确认不漏后方可使用。将其放置在固定在铁架上的铁环中，关好活塞。

③ 将被萃取液和萃取剂（一般为被萃取液体积的1/3）依次从上口倒入漏斗中，塞紧顶塞（顶塞不能涂润滑脂）。

④ 取下分液漏斗，用右手手掌顶住漏斗上面的塞子并握住漏斗颈，左手握住漏斗活塞处，拇指压紧活塞，把分液漏斗放平，并前后振摇，尽量使液体充分混合。开始阶段，振摇要慢，振荡后，使漏斗上口向下倾斜，下部支管指向斜上方，左手仍握在活塞支管处，用拇指和食指旋开活塞放气。

⑤ 保持原倾斜状态，下部支管口指向无人处，左手仍握在活塞支管处，用拇指和食指旋开活塞，释放出漏斗内的蒸汽或产生的气体，使内外压力平衡，此操作也称"放气"。如此重复至放气时只有很小压力后，再剧烈振荡 2~3min，然后将漏斗放回铁圈中静置。

⑥ 待液体分成清晰的两层后，进行分离。分离液层时，慢慢旋开下面的活塞，放出下层液体。上层液体从上口倒出，不可从下口放出，以免被残留的下层液体污染。

（2）安全事项

① 不可使用有泄漏的分液漏斗，以免液体流出或气体喷出，确保操作安全。

② 上口塞子不能涂抹润滑脂，以免污染从上口倒出的液体。

③ 振摇时一定要及时放气，尤其是当使用低沸点溶剂或者用酸、碱溶液洗涤产生气体时，振摇会使其内部出现很大的压力，如不及时放气，漏斗内的压力会远大于大气压力，就会顶开塞子出现喷液，有可能造成事故。

④ 振摇时，支管口不能对着人，也不能对着火，以免发生危险。

⑤ 若一次萃取不能达到要求可采取多次萃取。

2. 液体的干燥

干燥是指除去化合物中的水分或少量的溶剂的操作。一些化学实验需在无水的条件下进行，所有原料和试剂都要经过无水处理，在反应过程中还要防止潮气的侵入。有机化合物在蒸馏之前也必须进行干燥，以免加热时某些化合物会发生水解或与水形成共沸物。测定化合物的物理常数，对化合物进行定性、定量分析，利用色谱、紫外光谱、红外光谱、核磁共振、质谱等方法对化合物进行结构分析和测定，都必须使化合物处于干燥状态，才能得到准确可信的结果。干燥的方法包括物理干燥和化学干燥，这里主要介绍化学干燥。化学干燥是利用干燥剂除去水，按照去水作用分为两类：一类是干燥剂与水可逆地结合成水合物，如硫酸镁、氯化钙等；另一类干燥剂与水反应产生新的化合物，是不可逆的，如金属钠、五氧化二磷等。

（1）操作规范

① 所选用的干燥剂不能与被干燥的化合物发生化学反应，也不能溶解在该溶剂中。

② 要综合考虑干燥剂的吸水容量和干燥效能，有些干燥剂虽然吸水容量大但干燥效果不一定很好。

③ 干燥剂的用量与所干燥的液体化合物的含水量、干燥剂的吸水容量等多种因素有关，干燥剂加入量过少，起不到完全干燥的作用；加入过多会吸附部分产品，影响产品的产量。

④ 将被干燥液体放入干燥的锥形瓶（最好是磨口锥形瓶）中，加入少量的干燥剂，塞好塞子，振摇锥形瓶。如果干燥剂附着在瓶底并板结在一起，说明干燥剂的用量不够。当看到锥形瓶中液体澄清且有松动游离的干燥剂颗粒时，可以认为此时的干燥剂用量已足够。

⑤ 塞紧塞子静置一段时间（一般在 30min 以上）。

（2）安全事项

① 酸性化合物不能用碱性干燥剂干燥，碱性化合物也不能用酸性干燥剂干燥。

② 强碱性干燥剂（如氧化钙、氢氧化钠等）能催化一些醛、酮发生缩合反应、自动氧化反应，也可以使酯、酰胺发生水解反应。

③ 有些干燥剂可与一些化合物形成配合物，因此不能用于这些化合物的干燥。

④ 氢氧化钠（钾）易溶解在低级醇中，所以不能用于干燥低级醇。

⑤ 含水量大的化合物干燥时，可先使用吸附容量大的干燥剂进行干燥，再用干燥效能高的干燥剂干燥。

（七）真空系统的操作规范

真空操作是化学实验中常见的基本操作之一，如减压蒸馏、抽滤、真空干燥、旋转蒸馏等操作经常使用真空装置。真空装置种类很多，实验室常用的真空泵有循环水真空泵和油封机械真空泵两种。若需要的真空度不是很高可用水泵；若需较高的真空度，则需要用油泵。

1. 操作规范

① 首次使用水泵时应加水至水管溢出水为止，并注意必须经常更换水箱中的水，保持水箱清洁，以延长仪器使用寿命。

② 可将箱体进水孔用橡胶管连接在水龙头上，用橡胶管连接溢水嘴，使之连续循环进水，使有机溶剂不会长期留在箱内腐蚀泵体。

③ 检查实验装置连接是否正确、密闭，将实验装置的抽气套管连接在泵的真空接头上，启动按钮（开关）即开始工作，双头抽气可单独或并联使用。

④ 减压系统必须保持密闭不漏气，所有的橡胶塞的大小和孔道要合适，橡胶管要用真空橡胶管。玻璃仪器的磨口处应涂上凡士林，高真空应涂抹真空油脂。

⑤ 用水泵抽气时，应在水泵前装上安全瓶，以防水压下降，水流倒吸；停止抽气前，应先使系统连通大气，然后再关泵。

⑥ 使用油泵前，应检查油位是否在油标线处；在蒸馏系统和油泵之间，必须装有缓冲和吸收装置。如果蒸馏挥发性较大的有机溶剂，蒸馏前必须用水泵彻底抽去系统中有机溶剂的蒸气，否则将达不到所需的真空要求。

⑦ 由于水分或其他挥发性物质进入到泵内而影响极限真空时，可开启气阀将其排出。当泵油受到机械杂质或化学杂质污染时，应及时更换泵油。

2. 安全事项

① 与泵油发生化学反应、对金属有腐蚀性或含有颗粒物质的气体以及含氧量过高、爆炸性的气体不适用于油泵。

② 油泵不能空转和倒转，否则会导致泵的损坏。

③ 酸性气体会腐蚀油泵。水蒸气会使泵油乳化，降低泵的效能，甚至损坏真空泵。

④ 要按要求使用符合规定的真空泵油，泵油必须干燥清洁。

⑤ 泵油的加入量过多，运转时会从排气口向外喷溅，油量不足会造成密封不严而导致泵内气体渗漏。

⑥ 油泵停止运转时，应先将系统与油泵间的阀门关闭，同时打开放气阀使空气进入泵中，然后关掉泵的电源，避免发生泵油倒吸现象。

⑦ 使用时，如果因系统损坏等特殊事故，泵的进气口突然连接大气，应尽快停泵，并及时切断与系统连接的管道，防止喷油。

二、生物实验基本操作

生物实验室的布局和设计应考虑操作和安全，最大程度地减少生物菌种的交叉污染。生物样本的处理环境也很重要，因为环境也有引起污染的可能。规范生物实验室内仪器、设备的安全操作及染菌的微生物、培养物的处理程序，对保证生物实验室安全具有重大意义。

（一）高压灭菌锅的安全使用操作规范

① 堆放：将需灭菌的物品妥善包装，依次堆放在灭菌锅中。需灭菌物品外应贴上高压指示胶带以检验灭菌温度是否达到要求。

② 加水：在锅体内注入水，水位一定要超过电热管2cm以上（不宜过多）；连续使用时，每次操作前，必须补足上述水位，以免烧坏电热管和发生意外。

③ 密封：在每次使用高压锅前，必须认真检查高压锅的出气阀和安全阀，确保其状态完好，如有故障，在故障排除之前不得使用高压灭菌锅。灭菌前把堆放好物品的灭菌桶放在锅体内，盖上锅盖并锁紧。

④ 加热灭菌：接通电源，指示灯亮，按下"开始"按钮，电热管开始加热。灭菌期间工作人员需监视高压锅指示面板上的压力、温度和时间等。

⑤ 开盖：灭菌结束后，切勿立即将灭菌锅内的蒸汽排出，待压力表指针归零后，方可开启锅盖。

（二）电炉的安全使用操作规范

① 将盛有液体的玻璃容器（应垫石棉网）或不锈钢器皿置于电炉上后，方可打开电炉加热。

② 电炉在使用过程中应有人在场，注意观察容器内液体加热情况，避免液体溢出，造成事故。

③ 电炉使用完毕或离开微生物实验室时，应立即关闭电源，拔下插头。

（三）玻璃器皿的清洗操作规范

清洁的玻璃器皿是得到正确实验结果的先决条件。进行微生物学实验，必须清除器皿上的灰尘、油垢和无机盐等物质，保证不影响实验的结果。

1. 各种玻璃器皿的洗涤方法

① 新玻璃器皿的洗涤：新购置的玻璃器皿含游离碱较多，应先在2%的盐酸溶液或洗涤液内浸泡数小时，再用清水冲洗干净。

② 使用过的玻璃器皿的洗涤方法：试管、培养皿、锥形瓶、烧杯等可用试管刷或海绵沾上肥皂、洗衣粉或去污粉等洗涤剂刷洗，以除去黏附在器壁上的灰尘或污垢，然后用自来水冲洗干净。热的肥皂水去污能力更强，能有效地洗去器皿上的油垢。用去污粉或洗衣粉刷洗之后较难冲洗干净附在器壁上的微小粒子，可用水多次冲洗或用稀盐酸溶液摇洗一次，再用水冲洗，然后倒置于铁丝框内或洗涤架上，在室内晾干。

③ 含有琼脂培养基的玻璃器皿，要先刮去培养基，然后洗涤。如果琼脂培养基已经失水，可将器皿放在水中蒸煮，使琼脂溶化后趁热倒出，然后用清水洗涤，并用刷子刷其内壁，以除去壁上的灰尘或污垢。带菌的器皿在洗涤前，应先在2%来苏尔溶液或0.25%新洁尔灭消毒液内浸泡24h，或煮沸0.5h，再用清水洗涤。带菌的培养物应先用高压蒸汽灭菌，然后将培养物倒去，再进行洗涤。盛有液体或固体培养物的器皿，应先将培养物倒在废液缸中，然后洗涤。不要将培养物直接倒入洗涤槽，否则会阻塞下水道。

玻璃器皿洗涤后若水能在内壁上均匀分布成一薄层而不出现水珠，表明油垢完全洗净，若器皿壁上挂有水珠，应用洗涤液浸泡数小时，再用自来水冲洗干净。盛放一般培养基的器皿经上述方法洗涤后即可使用；如果器皿要盛放精确配制的化学试剂或药品，则在用自来水洗涤后，还需用蒸馏水淋洗3次，晾干或烘干后备用。

④ 玻璃吸管：吸取过血液、血清、糖溶液或染料溶液等的玻璃吸管（包括毛细吸管），使用后应立即投入盛有自来水的量筒或标本瓶内，以免干燥后难以冲洗干净。量筒或标本瓶底部应垫以脱脂棉，否则吸管投入时容易破损。待实验完毕，再集中冲洗。若吸管顶部塞有棉花，则冲洗前先将吸管尖端与装在水龙头上的橡胶管连接，用水将棉花冲出，再装入吸管自动洗涤器内冲洗，没有吸管自动洗涤器时用蒸馏水淋洗。洗净后，放在搪瓷盘中晾干，若要加速干燥，可于烘箱内烘干。

吸过含有微生物溶液的吸管应立即投入盛有2%来苏尔溶液或0.25%新洁尔灭消毒液的量筒或标本瓶内，24h后方可取出冲洗。吸管内壁若有油垢，同样应先在洗涤液内浸泡数小时，再冲洗。

⑤ 载玻片与盖玻片的清洗：新载玻片和盖玻片应先在2%盐酸溶液中浸泡1h，然后用自来水冲洗2~3次，用蒸馏水换洗2~3次，洗净后烘干冷却或浸于95%酒精中保存备用。

用过的载玻片与盖玻片如滴有香柏油，要先用皱纹纸擦去或浸在二甲苯内摇晃几次，使油垢溶解，再在肥皂水中煮沸 5~10min，用软布或脱脂棉擦拭后，立即用自来水冲洗，然后在稀洗涤液中浸泡 0.5~2h，用白开水冲去洗涤剂，最后用蒸馏水换洗数次，待干后浸于 95% 酒精中保存备用。使用时在火焰上烧去酒精。用此法洗涤和保存的载玻片和盖玻片清洁透亮，没有水珠。

检查过活菌的载玻片或盖玻片应在 2% 来苏尔溶液或 0.25% 新洁尔灭消毒液中浸泡 24h，然后按上述方法洗涤与保存。

2. 洗涤剂的种类及应用

① 水：水是最主要的洗涤剂，但只能洗去可溶解在水中的沾染物，不溶于水的污物如油、蜡等，必须用其他方法处理以后，再用水洗。要求比较洁净的器皿在清水洗过之后要再用蒸馏水洗。

② 肥皂：肥皂是很好的去污剂，肥皂的碱性并不强，不会损伤器皿和皮肤，所以洗涤时常用肥皂。使用时用湿刷子（试管刷、瓶刷）沾肥皂刷洗容器，再用水洗去肥皂。热的肥皂水（5%）去污能力更强，对去除器皿上的油脂很有效。油脂很重的器皿，应先用纸将油层擦去，再用肥皂水加热煮沸清洗。

③ 去污粉：去污粉内含有碳酸钠、碳酸镁等起泡沫和除油污的成分，有时也加些食盐、硼砂等以增加摩擦作用。使用时将器皿润湿，将去污粉涂在污点上用布擦拭或刷子刷洗，再用水洗掉去污粉。一般玻璃器皿、搪瓷器皿等都可以使用去污粉进行清洗。

④ 洗衣粉：国产的洗衣粉主要成分是烷基苯磺酸钠，为阴离子表面活性剂，在水中能解离成带有憎水基的阴离子。其去污能力主要是由于其在水溶液中能降低水的表面张力，并发生润湿、乳化、分散和起泡等作用，洗衣粉去污能力强尤其能有效地去除油污。用洗衣粉擦拭过的玻璃器皿要充分用自来水漂洗，以除净残存的微粒。

⑤ 洗涤液：通常用的洗涤液是重铬酸钾（或重铬酸钠）的硫酸溶液，是一种强氧化剂，去污能力很强，实验室常用它来洗去玻璃和瓷质器皿上的有机物。切记不可用于洗涤金属器皿。

重铬酸钾洗液浓配方：

重铬酸钾（工业用），40.0g；

蒸馏水，160.0mL；

浓硫酸（粗），800.0mL。

重铬酸钾洗液稀配方：

重铬酸钾（工业用），50.0g；

蒸馏水，850.0mL；

浓硫酸（粗），100.0mL。

配制方法是将重铬酸钾溶解在蒸馏水中（可加热），待冷却后，再慢慢地加入浓硫酸，边加边搅动。配好后存储备用。此液可重复使用，每次用后倒回原瓶中储存，直至溶液变为绿色时才失去效用。

洗涤原理为重铬酸钾或重铬酸钠与硫酸作用后形成铬酸，铬酸的氧化能力极强，因而此液具有极强的去污作用。

3. 洗涤时注意事项

① 盛洗涤液的容器应始终加盖，以防氧化变质。玻璃器皿投入洗涤剂之前要尽量干燥，避免将洗涤液稀释。如要加快洗涤速度，可将洗涤液加热至 45~50℃再进行洗涤。器皿上有大量的有机质时，不可直接加洗涤液，应尽可能先行清除，再用洗涤液，否则会使洗涤液很快失效。

② 用洗涤液洗过的器皿，应立即用水冲至无色。

③ 洗涤液有强腐蚀性，溅在桌椅上，应立即用水洗去或用湿布擦去。皮肤及衣服上沾有洗涤液时，应立即用水洗，再用苏打（碳酸钠）水或氨液清洗。

④ 洗涤液仅限用于玻璃和瓷质器皿的清洗，不适于金属和塑料器皿。

4. 玻璃器皿使用及后处理注意事项

① 任何方法都不应对玻璃器皿有损伤。所以不能使用对玻璃有腐蚀作用的化学药剂，也不能使用比玻璃硬度大的物品来擦拭玻璃器皿。

② 用过的器皿应立即洗涤，有时放置时间太久会增加洗涤的难度，随时洗涤还可以提高器皿的使用率。

③ 含有对人有传染性的或者是属于植物检疫范围内的微生物的试管、培养皿及其他容器，应先浸在消毒液内或蒸煮灭菌后再进行洗涤。

④ 盛过有毒物品的器皿，不要与其他器皿放在一起清洗。

⑤ 难洗涤的器皿不要和易洗涤的器皿放在一起，以免增加洗涤的难度。有油污的器皿不要与无油污的器皿混在一起，否则既浪费药剂也浪费时间。

⑥ 强酸、强碱及其他氧化物和有挥发性的有毒物品，都不能倒在洗涤槽内，必须倒在废液缸内。

（四）消毒和灭菌的操作规范

消毒与灭菌的意义有所不同。消毒一般是指利用物理或化学方法消灭病原菌或有害微生物的营养体，而灭菌则是指利用强烈的物理或化学方法杀灭一切微生物的营养体、芽孢和孢子。在日常生活中两者经常通用。灭菌的方法一般可分为物理灭菌和化学灭菌两大类。

1. 物理灭菌

物理灭菌是最常用的灭菌方法。主要包括热力学灭菌、过滤除菌和紫外线灭菌等。热力学灭菌，又可分为干热灭菌和湿热灭菌两大类。

（1）热力学灭菌

1）干热灭菌

干热灭菌的主要原理是利用高温使微生物的蛋白质凝固变性从而达到灭菌的目的。细胞内的蛋白质的凝固性与其本身的含水量有关，在菌体受热时，环境和细胞内含水量越大，蛋白质凝固就越快；含水量越小，凝固越慢。因此，与湿热灭菌相比，干热灭菌所需温度更高

(160～170℃)，时间更长（1～2h）。进行干热灭菌时最高温度不能超过180℃，否则，包扎器皿的纸或棉塞就会被烤焦，甚至引起燃烧。通常所说的干热灭菌是指利用干燥箱（或称烘箱）进行灭菌，主要用于玻璃器皿如培养皿、移液管和接种工具等的灭菌。灭菌时将被灭菌的物体用双层报纸包好或装入特制的灭菌筒内，再装入箱中，不要摆得太挤，以免妨碍热空气流通。逐渐加温，温度上升至160～170℃后保持2h，灭菌结束后，切断电源，自然降温，待箱内温度降至70℃以下，才能打开箱门，取出灭菌物品。注意在温度降至70℃前切勿打开箱门，以免玻璃器皿炸裂。另外，灼烧灭菌也属于干热灭菌。在进行无菌操作时，接种工具如接种环、接种钩、接种铲、镊子等要在酒精灯火焰上充分灼烧，试管口、菌种瓶口在火焰上做短暂灼烧灭菌，等等。

2）湿热灭菌

① 高压蒸汽灭菌：此法是将待灭菌的物品放在密闭的加压灭菌锅内，通过加热，使灭菌锅隔套间的水沸腾产生蒸汽。待水蒸气急剧地将锅内的冷空气从排气阀中驱尽后，关闭排气阀，继续加热，由于此时蒸汽不能逸出，增加了灭菌器的压力，从而使沸点增高，得到高于100℃的温度，导致菌体蛋白质凝固变性达到灭菌的目的。在同一温度下，湿热的杀菌效力比干热大。究其原因：一是湿热中细菌菌体吸收水分，蛋白质较易凝固，所需凝固温度降低；二是湿热的穿透力比干热大；三是湿热的蒸汽有潜热存在。1g水在100℃时，由气态变为液态可放出2.26kJ的热量。这种潜热能迅速提高被灭菌物品的温度，从而增加灭菌效力。在使用高压蒸汽灭菌锅时，灭菌锅内冷空气的排除是否完全极为重要。因为空气的膨胀压大于水蒸气的膨胀压，所以当水蒸气中含有空气时，在同一压力下含空气蒸汽的温度低于饱和蒸汽的温度。这种灭菌方式适用于培养基、工作服、橡胶制品等的灭菌，也可用于玻璃器皿的灭菌。一般培养基在0.11MPa、121℃、20～30min条件下可彻底灭菌。

② 常压蒸汽灭菌法：在不具备高压蒸汽灭菌条件的情况下，常压蒸汽灭菌是一种常用的灭菌方法。对于不易用高压灭菌的培养基如明胶培养基、牛乳培养基、含糖培养基等可采用常压蒸汽灭菌。这种灭菌方法可用阿诺氏流通蒸汽灭菌器进行灭菌，也可用普通蒸汽笼进行灭菌。由于在常压下，其温度不超过100℃，仅能使大多数微生物被杀死，而不能在短时间内杀死芽孢细菌，因此可采用间歇灭菌以杀死芽孢细菌，达到彻底灭菌的目的。

③ 常压间歇灭菌：将灭菌培养基放入灭菌器内，每天于100℃下加热30min，连续3d。第一天加热后，其中的营养体被杀死，将培养物取出于室温下放置18～24h，使其中的芽孢发育成营养体，第二天于100℃下再加热，30min，发育的营养体又被杀死但可能仍留有芽孢，故再重复一次，彻底灭菌。

④ 煮沸消毒法：注射器和解剖器械等可用煮沸消毒法。一般微生物学实验室中煮沸消毒时间为10～15min，可以杀死细菌所有营养体和部分芽孢。如延长煮沸时间，并加入1%碳酸氢钠溶液或2%～5%石炭酸溶液，效果更好。人用注射器和手术器械均采用高压蒸汽灭菌或干热灭菌，或采用一次性无菌用品。

⑤ 超高温杀菌：在温度和时间标准分别为130～150℃和2～8s的条件下对牛乳或其他液态食品（如果汁及果汁饮料、豆乳、茶、酒及矿泉水等）进行处理的一种工艺。其最大优点是既能杀死产品中的微生物，又能较好地保持食品品质与营养价值。超高温杀菌工艺的应用，使乳制品及各种饮料等无需冷藏的理想变成现实，从而打破了地域和季节的限制。超高

温杀菌自 20 世纪 80 年代以来在世界各国广泛应用。我国改革开放以来，超高温杀菌也广泛应用于橘子汁、猕猴桃汁、荔枝汁、菊花茶、牛乳等的生产。

（2）过滤除菌

许多材料例如血清、抗生素及糖液等用加热灭菌、消毒灭菌的方法，均会被热破坏，因此可以采用过滤除菌的方法。应用最广泛的过滤器主要有以下几类。

① 蔡氏过滤器：该过滤器由石棉制成的圆形滤板和一个特制的金属（银或铝）漏斗组成，分上、下两节。过滤时，用旋钮把石棉板紧紧夹在上、下两节滤器之间，然后将溶液置于过滤器中抽滤。每次过滤必须用一张新的滤板。根据孔径大小，滤板分为三种型号，使用时可根据需要选用。K 型孔径最大，作一般澄清用；EK 型孔径较小，用来除去一般细菌；EK-S 型孔径最小，可阻止大病毒通过。

② 微孔滤膜过滤器：这是一种新型过滤器，其滤膜是用醋酸纤维酯和硝酸纤维酯的混合物制成的薄膜。孔径分为 $0.025\mu m$、$0.05\mu m$、$0.10\mu m$、$0.20\mu m$、$0.30\mu m$、$0.45\mu m$、$0.60\mu m$、$0.80\mu m$、$1.00\mu m$、$2.0\mu m$、$3.00\mu m$、$5.0\mu m$、$7.00\mu m$、$8.00\mu m$ 和 $10.00\mu m$。过滤时，液体和小分子物质通过，细菌则被截留在滤膜上。实验室中用于除菌的滤膜孔径一般为 $0.20\mu m$，但若要将病毒除掉，则需要更小孔径的微孔滤膜。微孔滤膜不仅可以用于除菌，还可以用于测定液体或气体中的微生物，如水中的微生物检查。

过滤除菌法应用十分广泛，除在实验室中用于某些溶液、试剂的除菌外，微生物工业上所用的大量无菌空气及微生物工作中使用的净化工作台，都是根据过滤除菌的原理设计的。

（3）紫外线灭菌

紫外线波长在 200~300nm，具有杀菌作用，其中以 265~266nm 杀菌能力最强。此波长的紫外线易被细胞中的核酸吸收，造成细胞损伤而杀菌，紫外线灭菌在微生物工作及生产实践中应用较广，无菌室或无菌接种箱中的空气可用紫外线灯照射灭菌。此外，采用 60Co-γ 射线灭菌也已广泛用于不能进行加热灭菌的纸和塑料薄膜、各种积层材料制作的容器以及医用生物敷料皮等的灭菌。γ射线灭菌的最大优点是穿透力强，可在厚包装完好的条件下灭菌。

2. 化学灭菌

化学药品消毒灭菌法是应用能抑制或杀死微生物的化学制剂进行消毒灭菌的方法。以能破坏细菌代谢机能并有致死作用的化学药剂为杀菌剂，如重金属离子等。以只能抑制细菌代谢机能，使细菌不能增殖的化学药剂为抑菌剂，如磺胺类及大多数抗生素等。化学药品对微生物的作用是抑菌还是杀菌以及作用效果与化学药品浓度的高低、处理微生物的时间长短、微生物的种类以及微生物所处的环境等有关。微生物实验室中常用的化学药品有 2% 来苏尔溶液、0.25% 新洁尔灭消毒液、0.1% 升汞、3%~5% 甲醛溶液、75% 乙醇溶液等。

3. 其他注意事项

① 接触微生物或含有微生物的物品后、脱掉手套后和离开实验室前要洗手。

② 禁止在工作区饮食、吸烟、处理隐形眼镜、化妆及储存食物。

③ 只有经过批准的人员方可进入实验室工作区域。实验室的门应保持关闭。

④ 实验过程中，严格按有关操作规程操作，降低溅出和气溶胶的产生。

⑤ 每天至少消毒一次工作台面，活性物质溅出后要立即用75％乙醇溶液或巴氏消毒液消毒。

消毒与灭菌不仅是从事微生物学乃至整个生命科学研究必不可少的重要环节和实用技术，而且还在医疗卫生、环境保护、食品、生物制品等各方面具有重要的应用价值。应根据使用要求和条件选用合适的消毒灭菌方法。

（五）生物安全柜的操作规范

① 确认玻璃窗处于关闭位置后，打开紫外灯，对安全柜内工作空间进行灭菌。灭菌结束后，关闭紫外灯。安全柜使用前后均需灭菌。

② 抬起玻璃门至正常工作位置，打开外排风机，打开荧光灯及内置风机，检查回风格栅，使之不要被物品堵塞。在无任何阻碍状态下，让安全柜至少工作运转10min。

③ 用消毒液彻底清洗手及手臂，穿上工作服，戴橡胶手套并套在袖口上，如有必要，戴防护眼镜和防护面罩。

④ 尽量避免使用可干扰安全柜内气流流动的装置和程序。在操作期间，避免随便移动材料，避免操作者的手臂在前方开口处频繁移动，尽量减少气流干扰，尽量不要使用明火。

⑤ 全部工作结束后，用70％乙醇溶液或适当的中性消毒剂，擦拭安全柜内表面，让安全柜在无任何阻碍的情况下继续至少工作运转15min，以清除工作区域内的浮尘污染。

三、典型反应的危险性分析及安全控制措施

（一）氧化反应

1. 危险性分析

① 大多数氧化反应需要加热，特别是催化气相反应，一般都是在高温条件下进行，而氧化反应又是放热过程，产生的反应热如不及时散去，将会使反应温度迅速升高甚至发生爆炸。

② 某些氧化反应，物料配比接近爆炸下限，因此要严加控制，倘若物料配比失调、温度控制不当，极易引起爆炸起火。

③ 被氧化的物质很多是易燃易爆物质。有的物质具有较宽的爆炸极限，或者其蒸气与空气的混合物具有一定的爆炸极限，在实验操作时要格外小心。

④ 氧化剂具有很大的火灾危险性。一些氧化剂如氯酸钾、高锰酸钾、铬酸酐等，如遇高温或受到撞击、摩擦以及与有机物、酸类接触，都有可能引起着火或爆炸；而有机过氧化物不仅具有很强的氧化性，而且大部分自身就是易燃物质，有的还对温度特别敏感，遇高温容易发生爆炸。

⑤ 有些氧化反应的产物也具有火灾危险性。如环氧乙烷是可燃气体；硝酸不但是腐蚀性物品，而且也是强氧化剂；另外，某些氧化过程中还可能生成危险性较大的过氧化物，如

乙醛氧化生产醋酸的过程中有过醋酸生成，过醋酸是有机过氧化物，极不稳定，受高温、摩擦或撞击便会分解或燃烧。

2. 安全控制措施

① 氧化过程中如以空气或氧气作氧化剂，应严格控制反应物料的配比（可燃气体和空气的混合比例），使其在爆炸极限范围之外。空气进入反应器之前，应经气体净化装置净化，消除空气中的灰尘、水蒸气、油污以及可使催化剂活性降低或中毒的杂质，以保证催化剂的活性，减少着火和爆炸的危险。

② 在催化氧化过程中，对于放热反应，应控制温度、流量，防止超温、超压和混合气体比例处于爆炸范围之内。

③ 使用硝酸、高锰酸钾等氧化剂时，要严格控制加料速度防止多加、错加；固体氧化剂应粉碎后再使用，最好使其呈溶液状态使用，反应过程中要不间断地搅拌，严格控制反应温度，决不允许超过被氧化物质的自燃点。

④ 使用氧化剂氧化无机物时，应控制产品烘干温度不超过其着火点，在烘干之前应用清水洗涤产品，将氧化剂彻底除净，以防未反应完全的氧化剂引起已烘干的物料起火。有些有机化合物的氧化，特别是在高温下的氧化，在设备及管道内可能产生焦状物，应及时清除，以防自燃。

⑤ 氧化反应使用的原料及产品，应按有关危险品的管理规定，采取相应的防火措施，如隔离存放、远离火源、避免高温和日晒、防止摩擦和撞击等。如果使用的是电介质的易燃液体或气体，应安装导除静电的接地装置。

⑥ 设置氮气、水蒸气灭火装置，以便能及时扑灭火灾。

（二）还原反应

1. 危险性分析

① 还原反应都有氢气存在（氢气的爆炸极限为 $4\%\sim75\%$ ），特别是催化加氢还原，都在加热、加压条件下进行，如果操作失误或因设备缺陷造成氢气泄漏，氢气极易与空气形成爆炸性混合物，如遇着火源即会爆炸。

② 还原反应中所使用的雷尼镍催化剂，吸潮后在空气中有自燃危险，即使没有火源存在，也能使氢气和空气的混合物燃烧，形成着火爆炸。

③ 固体还原剂保险粉、硼氢化钾、氢化铝锂等都是遇湿易燃危险品，其中保险粉遇水发热，在潮湿空气中能分解析出硫，硫蒸气受热具有自燃的危险，且保险粉本身受热到 $190^{\circ}C$ 也有分解爆炸的危险；硼氢化钾（钠）在潮湿空气中能自燃，遇水或酸分解放出大量氢气的同时放出大量热，可使氢气着火而引起爆炸事故；氢化锂铝是遇湿危险的还原剂，务必妥善保管，防止受潮。

④ 还原反应的中间体，特别是硝基化合物还原反应的中间体，也有一定的火灾危险。

2. 安全控制措施

① 操作过程中要严格控制反应温度、压力和流量，使用的电气设备必须符合防爆要求，实验室通风要好，加压反应设备应配备安全阀，反应中产生压力的设备要装设爆破片、安装氢气检测和报警装置。

② 当使用雷尼镍等作为还原反应的催化剂时，必须先用氮气置换出反应器内的全部空气，并经过测定证实含氧量达到标准后，才可通入氢气；反应结束后应先用氮气把反应器内的氢气置换干净，方可打开孔盖出料，以免外界空气与反应器内的氢气相遇，在雷尼镍自燃的情况下发生着火爆炸。雷尼镍应当储存于酒精中，钯碳回收时应用酒精及清水充分洗涤，真空过滤时不得抽得太干，以免氧化着火。

③ 保险粉在需要溶解使用时，要严格控制温度，应在搅拌的情况下，将保险粉分次加入水中，待溶解后再与有机物反应；当使用硼氢化钠（钾）作还原剂时，在调解酸、碱度时要特别注意，防止加酸过快、过多；当使用氢化铝锂作还原剂时，要在氮气保护下使用，平时浸没于煤油中储存。这些还原剂遇氧化剂会发生激烈反应，产生大量热，有着火爆炸的危险，不得与氧化剂混存。

④ 有些还原反应可能在生产中生成爆炸危险性很大的中间体，在反应操作中一定要严格控制各种反应参数和反应条件，否则会导致事故发生。

⑤ 开展新技术、新工艺的研究时，尽可能采用还原效率高、危险性小的新型还原剂代替火灾危险性大的还原剂。

（三）硝化反应

硝化反应是指在化合物分子中引入硝基，取代氢原子生成硝基化合物的反应。

1. 危险性分析

① 硝化反应是放热反应，需要在低温条件下进行。在硝化反应中，如果出现中途搅拌中断、冷却水供应不畅、加料速度过快等情况，都会使温度失控，造成体系温度急剧升高，并导致副产物、硝基化合物增多，容易引起着火和爆炸事故。

② 常用的硝化试剂如浓硝酸、硝酸以及浓硫酸、发烟硫酸、混合酸等都具有较强的氧化性、吸水性和腐蚀性。它们与油脂、有机物，特别是不饱和有机化合物接触即能引起燃烧；在制备硝化剂时，若温度过高或混入少量水，就会使硝酸大量分解和蒸发，不仅会使设备受到强烈腐蚀，还可能引起爆炸事故。

③ 被硝化的物质大多易燃，有的还有毒性，如使用或储存管理不当，很容易造成火灾。

④ 硝化产品大都有着火爆炸的危险性，特别是多硝基化合物和硝酸酯，受热、摩擦、撞击或接触火源，都极易发生着火或爆炸。

2. 安全控制措施

① 在硝化反应过程中应采取有效的冷却措施，及时散去反应放出的大量热，保证硝化反应在适当的温度下进行，防止温度失控。同时要注意，不能使冷却水渗入反应器中，以免其与混酸作用，放出大量热，导致温度失控。

② 硝化反应大多是非均相反应，反应过程中应保证搅拌良好，使反应均匀，避免由于局部反应剧烈导致温度失控。

③ 保证原料纯度，要严格控制原料中有机杂质的含量，因为这些杂质遇硝酸可能会生成爆炸性产物。另外还要控制原料的含水量，避免水与混酸作用，放出大量的热，导致温度失控。

④ 由于硝化反应过程的危险性，为防止爆炸事故发生，反应体系最好设置安全防爆装置和紧急放料装置。一旦温度失控，应立即紧急放料，并迅速进行冷却处理。

⑤ 由于硝化产物都易燃易爆，必须谨慎处理和使用硝化产物，避免因摩擦、撞击、高温、光照或接触氧化剂、明火等引起的火灾爆炸事故。

（四）氯化反应

有机化合物中的氢原子被氯原子取代的过程称为氯化（代）反应。氯气（气态或液态）、氯化氢气体、盐酸、三氯氧磷、三氯化磷、五氯化磷、次氯酸钙等都是常用的氯化试剂。

1. 危险性分析

① 氯化反应中最常用的氯化试剂是液态或气态的氯，其毒性较大，属于剧毒化学品，使用时一定要将其浓度控制在最高允许浓度之下。另外氯气的氧化性很强，储存压力较高，一旦出现泄漏将造成极大的危害。

② 氯化反应的原料大多是有机易燃物，反应过程中若操作不慎，同样会有着火甚至爆炸的危险。

③ 氯化反应是一个放热反应，在较高温度下反应时，放热更为剧烈。在高温下，如果发生物料泄漏，就会引起着火或爆炸。

④ 由于氯化反应几乎都有氯化氢气体生成，具有腐蚀性，因此必须采用耐腐蚀的设备，以防由于设备泄漏导致危险发生。

2. 安全控制措施

① 氯化反应的火灾危险性主要取决于被氯化物质的性质及反应条件，因此必须严格按照操作规程进行。

② 由于氯化反应是放热反应，一般氯化反应装置必须有良好的冷却系统，并严格控制氯气的流量，以免因流量过快，温度剧升而引起事故。

③ 副产物氯化氢气体易溶于水，一般通过吸收和冷却装置就可以除去尾气中绝大部分的氯化氢。

④ 应严格控制各种火源，电气设备应符合防火防爆要求。

（五）重氮化反应

芳香族伯胺在低温（一般为 0~5℃）和强酸（通常为盐酸和硫酸）溶液中与亚硝酸钠作用生成重氮盐的反应称为重氮化反应。

1. 危险性分析

① 重氮盐特别是含有硝基的重氮盐，在稍高的温度（有的甚至在室温时）或光照条件下，即可分解，且随温度升高，分解速度急剧增加。在酸性介质中，有些金属如铁、铜、锌等也能导致重氮化合物剧烈分解，甚至引起爆炸。

② 芳香族伯胺化合物多是可燃有机物，操作不慎有着火和爆炸的危险。

③ 亚硝酸钠遇氯酸钾、高锰酸钾、硝酸铵等强氧化剂时，可发生激烈反应，有发生着火或爆炸的危险。

④ 在重氮化的反应过程中，若反应温度过高、亚硝酸钠的投料过快或过量，均会增加亚硝酸的浓度，加速物料的分解，产生大量氮的氧化物气体，有着火和爆炸的危险。

2. 安全控制措施

① 按要求严格控制物料配比和加料速度。一般将芳香族伯胺溶解在酸溶液中，冷却后，慢慢加入亚硝酸钠溶液（若过快易造成局部浓度过大、反应速度过快、放热量大，引起着火或爆炸），保证良好的搅拌和低温状态。

② 重氮化反应一般在低温条件下进行，温度过高会导致重氮盐和硝酸分解并放出大量热，引起着火或爆炸。

③ 芳香族伯胺大都属于可燃有机物且毒性较大，亚硝酸钠是强致癌物，使用时应采取必要的防护措施。

④ 重氮盐不稳定，接触空气或在高温条件下易放热着火。有些重氮盐在干燥状态下不稳定，受热、摩擦、撞击时易分解爆炸，操作时应避免含重氮盐的溶液洒落到外面。如没有特殊情况，合成的重氮盐应直接进行下一步反应，以免长期放置。

（六）烷基化反应

在有机化合物中的碳、氮、氧等原子上引入烷基的反应称为烷基化反应。常用的烷基试剂有烯烃、卤代烃、醇和硫酸二烷基酯等。

1. 危险性分析

① 一些烷基化试剂本身就是易燃的气体或液体，具有很宽的爆炸极限，一些烷基化试剂的蒸气有毒或其本身就是剧毒物质，因此使用时要格外小心，以免火灾和中毒事故发生。

② 一些烷基化反应的底物是易燃易爆的丙类以上的危险品，操作不当有着火爆炸的危险。

③ 烷基化反应常用的催化剂路易斯酸具有很强的反应活性。三氯化铝有强烈的腐蚀性，遇水水解放出氯化氢气体和大量的热，可引起爆炸；若接触可燃物，则易着火。而硫甲酯有剧毒，哪怕少许的泄漏都可导致中毒甚至死亡。

④ 一些烷基化反应的产物本身就易燃易爆，也有一定的火灾危险。

⑤ 绝大多数烷基化反应都是在加热条件下进行的，如果原料、烷基化试剂、催化剂加

料次序颠倒、加料速度过快或者反应中途搅拌停止，导致反应剧烈，引起跑料，就有可能发生着火或爆炸事故。

2. 安全控制措施

① 严格按照要求确定原料配比、加料顺序和加入剂，避免物料的泄漏。加入无水氯化铝时应避免接触皮肤和长时间暴露在空气中。

② 应连有吸收装置以吸收反应生成的副产物氯化氢气体，来不及吸收时可适当施加负压以防水倒吸至反应器中，从而发生危险。

③ 要保证搅拌良好、冷凝措施得力，使反应中放出的热量能及时散去，以防事故的发生。

④ 当使用硫酸二甲酯作烷基化试剂时，绝对不能发生泄漏情况。

⑤ 采用新型催化剂（如离子液、固载催化剂）替代危险性催化剂，降低反应的风险。

（七）磺化反应

磺化是在有机化合物分子中引入磺（酸）基（—SO_3H）的反应。常用的磺化试剂有硫酸、亚硫酸钠、亚硫酸钾、三氧化硫等。

1. 危险性分析

① 磺化反应是放热反应，若在反应过程中得不到有效的冷却和良好的搅拌，造成反应积聚就有可能引起超温，导致反应剧烈，放出更多热量，可能发生燃烧反应，造成起火或者爆炸。

② 反应原料苯、硝基苯、氯苯等是可燃物，磺化试剂是氧化剂，二者相互作用具备了燃烧的条件，若投料顺序颠倒，浓硫酸与水生成稀硫酸并放热，超温至燃点，会导致燃烧或爆炸事故。

③ 低温条件下进行磺化反应时，应严格控制反应温度。当反应温度偏低时，反应速度较慢，可能积累较多的未反应物料，使反应物浓度增加，当恢复到较高的正常反应温度时，会发生剧烈反应，瞬间放出大量的热导致超温，引起着火或爆炸事故。

④ 磺化试剂如浓硫酸、发烟硫酸、三氧化硫、氯磺酸等，有强烈的刺激性和氧化性，若泄漏会造成灼烧、腐蚀、中毒等危害。

⑤ 三氧化硫遇水生成硫酸，放出大量的热，使反应温度升高，可造成沸溢甚至起火爆炸。

2. 安全控制措施

① 由于磺化反应是放热过程，良好的搅拌可以加速反应底物在酸性磺化试剂中的溶解，提高传热、传质效率，提高反应速率，避免局部过热。

② 根据反应底物和所需目标产物的不同，加料顺序也应相应调整。如果是液相反应，若在反应温度下反应底物仍是固态，应先将磺化试剂加到反应器中，再在低温下加入固体反

应底物,待其溶解后缓慢升温,有利于反应均匀稳定进行;若反应底物在反应温度下是液体,可先将其加入反应器中,再逐步加入磺化试剂,特别是高温下的反应,更要如此。

③ 按要求严格控制反应温度,否则轻者导致较多副产物的生成,严重时可导致事故的发生。

(八) 聚合反应

由小分子单体聚合成大分子聚合物的反应称为聚合反应。按照反应类型可分为加成聚合和缩合聚合两大类,按照聚合方式又可分为本体聚合、悬浮聚合、溶液聚合、乳液聚合、缩合聚合五种。

1. 危险性分析

① 由于聚合物的单体大多数是易燃、易爆物质,单体在压缩过程中或在高压系统中泄漏,易发生火灾爆炸。

② 聚合反应中加入的引发剂都是化学活泼性很强的过氧化物,一旦配料比控制不当,容易引起爆聚,反应器压力骤增易引起爆炸。

③ 聚合反应多在高压下进行,反应本身又是放热过程,如果反应条件控制不当,很容易发生事故。

④ 聚合反应中如发生搅拌故障、停电、停水,由于反应釜内聚合物的黏壁作用,使反应热不能导出,易造成局部过热或反应釜超温,发生爆炸。

2. 安全控制措施

① 本体聚合体系黏度大,反应温度难控制,传热困难。如果反应产生的热量不能及时散去,当升高到一定温度时,就可能强烈放热,有发生爆聚的危险。一旦发生爆聚,则导致设备堵塞,体系压力骤增,极易发生爆炸。加入少量的溶剂或内润滑剂可以有效地降低体系的黏度。尽可能采用较低的引发剂浓度和较低的聚合温度,使聚合反应放热变得缓和。控制"自动加速效应",使反应热分阶段放出。强化传热、降低操作压力等措施可减少发生危险的可能性。

② 溶液聚合体系黏度低,温度容易控制,传热较易,可避免局部过热。这种聚合方法的主要安全控制措施是避免易燃溶剂的挥发和静电火花的产生。

③ 悬浮聚合时应严格控制反应条件,保证设备的正常运转,避免由于溢料导致未聚合的单体和引发剂遇火引发着火或爆炸事故。

④ 乳液聚合常用无机过氧化物作引发剂,反应时严格控制其物料配比及反应温度,避免由于反应速度过快发生冲料。同时,要对聚合过程中产生的可燃气体妥善处理,反应过程中应保证强烈且良好的搅拌。

⑤ 缩合聚合是吸热反应,应严格控制反应温度,避免由于温度过高,导致系统压力增加引起爆裂,泄漏出易燃易爆的单体。

(九) 催化反应

催化反应是在催化剂的作用下进行的化学反应。

1. 危险性分析

① 在催化过程中若催化剂选择不正确或加入量不当，易造成局部反应激烈；另外，催化反应大多需在一定温度下进行，若散热不良，温度控制不好，很容易发生超温爆炸或着火事故。

② 有的催化产物在催化过程中产生氯化氢，有腐蚀和中毒危险；有的产生硫化氢，也有中毒危险，且硫化氢在空气中的爆炸极限较宽，生产过程中还有爆炸危险；有的在催化过程中产生氢气，着火爆炸的危险更大，尤其在高压下，氢的腐蚀作用可使金属高压容器脆化，从而造成破坏性事故。

③ 原料气中某种能与催化剂发生反应的杂质含量增加，可能成为爆炸危险物，这是非常危险的。例如，在乙烯催化氧化合成乙醛的反应中，由于催化剂体系中常含有大量的亚铜盐，若原料气中乙炔含量过高，则乙炔就会与亚铜盐反应生成乙炔铜。乙炔铜为红色沉淀，是一种极敏感的爆炸物，自燃点在 260～270℃，干燥状态下极易爆炸，在空气作用下易被氧化成暗黑色，并易于起火。

2. 安全控制措施

① 催化剂长期放置不用，可能会导致催化剂活性降低甚至失活，或者干燥失水甚至自燃，暂时存放时须妥善保存。

② 使用高压釜进行催化氢化反应时，应对初次使用高压釜的操作人员进行培训，并按规定对设备逐项认真检查。

③ 实验室里进行催化氢化反应时，不能使用有明显破损、有裂痕以及有大气泡的玻璃仪器。

④ 某些催化剂要迅速加入，以减少其自燃并引燃溶剂的可能性。

⑤ 反应后的催化剂仍有较高活性，加上有溶剂残留，也可能引起自燃，必须妥善处理，后处理时也应格外小心。

(十) 裂化反应

裂化反应是指烷烃和环烷烃在没有氧气存在的条件下的热分解反应，可分为热裂化、催化裂化、加氢裂化三种类型。

1. 危险性分析

① 热裂化反应一般在高温（500～700℃）高压条件下进行，反应过程中会产生大量的裂化气，若出现气体泄漏，会形成爆炸性气体混合物，遇明火也有发生爆炸的危险。

② 催化裂化一般在较高温度（460～520℃）条件下进行，火灾危险性较大。若操作不当，再生器内的空气和火焰可能进入反应器中引起爆炸。U形管上的小设备和小阀门较多，易漏油着火。在催化裂化过程中还会产生易燃的裂化气，在烧焦活化催化剂出现异常情况时，还可能产生可燃的一氧化碳气体。

③ 加氢裂化要使用大量氢气，而且反应温度和压力都较高，在高压下钢与氢气接触，钢材内的碳易被氢夺取，使碳钢硬度增大而强度降低，产生氢脆，如设备、管道检查或更换不及时，设备就会在高压（10～15MPa）下发生爆炸。

2. 安全控制措施

① 裂化反应一般在高压设备中进行。高压设备应由强度大、耐高温、耐腐蚀的材料制成，耐压强度应为工作压力的2～3倍，压力表的指示范围至少应大于工作压力的1/3。使用前应检查设备是否漏气，操作时应严格控制反应温度、压力等参数。

② 热裂解反应要设置紧急放空口，以防止因阀门不严或设备泄漏造成事故。

③ 保持反应器和再生器压差的稳定，是催化裂化反应中最重要的安全问题。

④ 催化裂化反应应备有单独的供水系统，降温循环水的量要充足。

⑤ 加氢裂化是强烈的放热反应，反应器必须通冷氢以控制反应温度；要加强对设备的检查，定期更换管道及设备，防止气体泄漏、氢脆等事故的发生。加热操作要平稳，避免因局部过热，导致高温管线、反应器等漏气引起着火。

⑥ 反应结束后应使反应釜自行冷却，不能用水冷却，打开阀门，待余气排尽后，再打开釜体。

（十一）其他典型反应

1. 无水无氧反应

一些物质（如金属钠、钾、锂及金属有机化合物等）对水和氧敏感，遇水和氧会发生激烈反应，甚至酿成着火爆炸等事故。在对这些物质进行储存、制备、反应及后处理的过程中，研究其性质或分析鉴定时，必须严格按照无水无氧操作的技术要求进行，所有的仪器必须洗净、烘干，即使是新的仪器也要经过严格洗涤后才能使用，洗涤干燥过的仪器，在使用前仍需要加热抽空并用惰性气体进行置换，把吸附在器壁上的微量水和氧移走。所需的试剂和溶剂必须先经无水无氧处理方可使用。实验前必须提前考虑好每一步实验的具体操作、所用的仪器、加料次序、后处理的方法等。否则，即使合成路线和反应条件都符合要求，也得不到预期的产物，还可能出现安全问题。实验装置中的橡胶塞、橡胶隔膜的表面吸附有氧、水或油污等杂质时，必须经过洗涤和干燥处理，所用的惰性气体也必须经脱水、脱氧的再纯化处理。

2. 自由基反应

自由基反应尤其是以过氧化物作为引发剂的反应，由于其本身的特殊性质，在使用和操作过程中应格外小心。过氧化有机物如过氧乙酸、过氧化苯甲酰等在受到摩擦、撞击、阳光暴晒加热时易发生爆炸且很多都有毒性，某些氧化物对眼睛、呼吸、消化、运动、神经系统均会有不同程度的伤害；在反应过程中若物料配比控制不当，滴加速度过快就可能造成温度失控引发燃烧爆炸事故；反应物料不纯也可能起过氧化物分解爆炸；若出现冷却效果不好、冷却水中断或搅拌停止等异常情况，也会导致局部反应加剧，温度骤升，压力迅速增加，引发事故；干品过氧化物易分解爆炸。因此在反应过程中应严格控制物料配比、滴加速度和反应温度，同时要保证良好的搅拌和冷却。

自由基聚合反应在高分子化合物的制备中占有重要地位，可通过不同的聚合工艺实现。如本体聚合放热量大，反应热排出困难，不易保持稳定的反应温度，自动加速效应可使温度失控，引起爆聚。为确保反应的正常进行，通常采取以下几种措施：

① 加入一定量的专用引发剂来降低反应温度；
② 在可能的情况下采用较低的反应温度降低放热速度；
③ 在反应体系黏度不太高时就分离聚合物；
④ 采用分段聚合的方法，控制转化率和自动加速效应，使反应热分成几个阶段均匀放出；
⑤ 改进和完善搅拌器和传热系统以利于聚合设备的传热；
⑥ 采用"冷凝态"进料及"超冷凝态"进料。

四、反应过程突发情况的一般处理方法

（一）处理突发情况的基本原则

化学实验是巩固理论知识、优化工艺条件、探索未知世界、拓展科学思维不可或缺的环节。化学实验室是培养高素质化学人才，产出高水平科研成果的重要场所。确保实验室的人员、设备安全，是顺利开展科学研究的基本要求。应坚持"安全第一，以人为本，预防为主"的指导思想和"预防为主，冷静处置"的工作原则，要以高度负责的态度，积极认真地对待化学实验室的安全工作。

化学实验室中的试剂种类和数量繁多，其中很多都是易燃、易爆、有毒或具有腐蚀性的；在实验中由于操作不当或不可预知的因素，都会带来一定的危险性，给国家造成财产损失，给实验人员带来人身伤害。因此，必须时刻把安全放在第一位，把可能的风险降低到最低，才能保证实验教学和科研工作的顺利进行。实验室安全是一项需要常抓不懈的基础工作，是一项系统工程，既要有资金和设备的投入，更要有行之有效的管理措施，根据实际情况和要求形成一套严格而又完善的管理制度和体系。要时刻牢记化学事故猛于虎，安全责任重于山，把实验室安全作为校园或企业文化的一部分，努力营造一个科学安全的实验环境。

导致实验室事故发生的原因多种多样，通常是由于违反基本操作规定、所用试剂或仪器处理失当、操作顺序出现错误、试剂用量不当、发现问题不及时或处理方式不恰当等造成的。因此，实验前的安全教育对于了解实验内容、熟悉实验步骤、掌握实验技能、预防事故发生都十分重要，是必不可少的。将实验室安全工作的重心向主动预防转变，使安全观念深入人心，形成敬畏生命、尊重制度、严谨求实的校园实验室安全文化，才能有效预防校园实验室安全事故的发生。

（二）反应过程中突发情况产生的原因

1. 爆炸产生的原因

爆炸事故产生的主要原因有：随意混合化学药品；氧化剂和还原剂的混合物受热、摩擦或撞击；在密闭体系中进行蒸馏、回流等加热操作；加压或减压实验中使用不耐压的玻璃仪器；气体钢瓶减压阀失灵；反应过于激烈而失去控制；易燃易爆气体大量逸入空气；一些本身容易爆炸的化合物，如硝酸盐类、硝酸酯类、三碘化氮、芳香族多硝基化合物、乙炔及其重金属盐、重氮盐、叠氮化物、有机过氧化物等，震动、受热或撞击；强氧化剂与一些有机化合物接触混合时发生爆炸反应；对水敏感的物质反应时遇水发生爆炸；化合物迅速分解，放出大量热量，引起反应体系的体积剧烈增大而发生爆炸；气体间剧烈反应，导致反应容器压力骤然增加引起爆炸；反应试剂或溶剂处理不当导致爆炸。

爆炸是实验室发生的事故中损失严重、危害较大的一种，如果不采取必要的防范措施，将会对人身安全和财产造成巨大伤害。

2. 喷溅事故产生的原因

喷溅事故产生的原因有：反应仪器有裂纹或破裂，随着反应的进行，反应体系内部压力增大导致喷溅；试剂取用方法不当如开启盛有挥发性液体的试剂瓶时，没有进行充分的冷却导致喷溅；当试剂瓶的瓶塞不易打开时，不认真核查瓶内试剂的种类和性质，贸然用火对其加热或敲击瓶塞导致喷溅；反应试剂添加错误、添加顺序颠倒、添加速度过快、用量比例失当等导致喷溅；将回流、蒸馏等装置组成一个密闭体系导致的喷溅；在反应沸腾的情况下，补加沸石导致喷溅；使用分液漏斗萃取时，不及时排出产生的气体导致喷溅；反应过程中，忘记通入冷凝水或通入的冷凝水长时间不能使气体充分冷却导致喷溅；微波反应器中，使用敞口容器进行反应导致喷溅；等等。

事故案例1：某学生在配制洗液时，误将高锰酸钾而不是重铬酸钾加到硫酸中，造成硫酸喷溅，导致其面部严重烧伤。

事故案例2：某二年级硕士研究生用氯代炔烃制炔胺时，用液氨作氨解试剂，通入液氨的过程中未按操作规程进行，因怀疑钢瓶中氨存量不多，猛烈摇动钢瓶致使大量氨气喷溅，幸而采取措施及时妥当，未造成更大伤害。但此事给当事人带来极大的心理阴影，从此决定毕业后不再从事化学合成方面的研究工作。

3. 漏水事故产生的原因

漏水事故产生的原因有：水龙头或阀门损坏及破裂导致漏水；水管老化导致漏水；冬季

暖气管道爆裂导致漏水；遇突然停水后忘记关闭水龙头及阀门，来水后无人在现场导致漏水；下水管道长期失修发生堵塞导致漏水；水压忽然增大，致使循环水进出水管脱落而未及时发现导致漏水；等等。跑水事故通常都是在实验人员长时间脱岗或输水管道突然破裂时发生的。

事故案例1：2013年9月2日，某高校化学实验楼发生漏水事故，致使其下方实验室房顶涂料脱落并不停滴水，导致该科研室内数万元的仪器受损。由于该室中的对水敏感化学品储存得当，才未造成更大的损失。经查，此次漏水事故发生的原因是，9月1日夜，某一年级研究生，做常温条件下的回流反应时，由于反应时间较长需要过夜，而反应所用溶剂的沸点较低，为防止其挥发，打开了循环水冷却。当天晚上十点，该同学离开实验室，反应继续进行但无人照看，由于下水道长期没有清理发生堵塞，导致了漏水事件的发生。

事故案例2：2013年4月20日，某高校化学实验室发生跑水事故，导致楼下新装修的房屋受损，室内大量贵重的精密仪器险些被浸泡。经查事故发生的原因是，某博士生做过夜反应时，采取循环水冷却，晚上离开实验室时，已无他人，但反应继续进行。由于夜间做实验的学生很少，水压增大，致使循环水的进水管从球形冷凝管上脱落，导致漏水事故的发生。

五、练 习 题

（一）判断题

1. 用移液管吸取液体试剂时，必须用橡胶洗耳球吸取，特殊情况时可用嘴代替洗耳球。（　　）
2. 稀释浓硫酸时，必须将水缓慢加入浓硫酸中，并用玻璃棒缓慢不停地搅拌。（　　）
3. 禁止在明火周边使用易燃易爆物质，如：有机酸、苯、甲苯、石油醚、汽油、丙酮、甲醇、乙醇等。（　　）
4. 温度计是化学实验室测量温度的必要工具，使用时需注意不可用作玻璃棒进行搅拌，若被打破需用硫黄粉处理水银。（　　）
5. 分液漏斗可以用于装酸性、碱性以及中性的液体。（　　）
6. 块状药品应用镊子夹取放入竖放的试管中。（　　）
7. 使用超净工作台时应避免紫外线照射皮肤和眼睛，接种致病菌等对人体有害的微生物时必须在常规超净工作台上进行。（　　）
8. 实验过程中，手和身体其他部位不得直接接触化学药品，特别是危险化学品如硫酸、盐酸、氰化物等。（　　）
9. 坩埚用于灼烧固体，可直接加热至高温，进行灼烧时必须放于泥三角上，并用坩埚钳夹取，使用过程中应避免骤冷。（　　）
10. 加热液体时可以先加热，临近沸腾时再加入沸石。（　　）

11. 乙炔衍生物、乙炔金属盐、环氧乙烷、叠氮化物等都属于易燃易爆的化学试剂，处理时应特别小心。（　　）

12. 水蒸气发生器中的安全管应插到发生器的底部，若体系内压力增大，水会沿玻璃管上升，起到调节压力的作用。（　　）

13. 溶液的萃取操作中，如果溶液量很少，在振摇后可以不用放气。（　　）

14. 硝化反应是放热反应，在反应中，如果出现搅拌中断、冷却水供应不畅、加料速度过快等，都会使温度失控，容易引起着火和爆炸事故。（　　）

15. 抽完真空后油泵停止运转，应先将系统与泵间的阀门关闭，同时打开放气阀使空气进入泵中，然后关掉泵的电源，避免回油现象发生。（　　）

16. 在无水无氧反应中，新的玻璃仪器经过严格洗涤后再进行干燥，在使用前不再需要加热抽空并用惰性气体进行置换，把吸附在器壁上的微量水和氧移走。（　　）

17. 裂化反应结束后，可以用水冷却反应釜，使之尽快冷却。（　　）

18. 硝化反应大多是非均相反应，反应过程中应保证搅拌良好，使反应均匀，避免由于局部反应剧烈导致温度失控。（　　）

19. 重氮盐特别是含有硝基的重氮盐，在稍高的温度（有的甚至在室温时）或光照条件下，即可分解，且随温度升高，分解速度急剧增加。（　　）

20. 保持反应器和再生器压差的稳定，是催化裂化反应中最重要的安全问题。（　　）

（二）单选题

1. 关于玻璃仪器的使用要求，错误的是（　　）。
A. 装碱性溶液的瓶子，应使用橡胶塞，不得使用玻璃塞，以免腐蚀粘住
B. 玻璃器具在使用前要仔细检查，避免使用有裂痕的仪器。特别是用于减压、加压或加热操作时，更要认真进行检查
C. 厚玻璃器皿不耐热（比如抽滤瓶），不能加热
D. 在容量瓶和量筒中直接进行溶液配制

2. 关于使用易燃易爆化学品的操作要求，错误的是（　　）。
A. 凡使用甲烷、氢气等与空气混合后能形成爆炸的气体时，必须在通风橱内或者室外空旷处进行操作
B. 进行有爆炸危险的操作时，所用到的玻璃容器必须使用磨口瓶塞
C. 加热液体时，必须接冷凝回流装置
D. 易燃物质蒸馏或加热时，应使用水浴加热；沸点高于100℃时，应使用油浴加热

3. 容量瓶用于配制准确浓度的溶液，使用容量瓶时，以下叙述正确的是（　　）。
①容量瓶不可作为反应器；②不可加热；③瓶塞不可互换；④不宜用于存放溶液；⑤在所标记的温度下使用才能保证体积的准确性；⑥配制光不稳定溶液时应使用棕色容量瓶。
A. ①②③⑤⑥　　　B. ①②③④⑤　　　C. ①②③④⑥　　　D. ①②③④⑤⑥

4. 添加酒精时，禁止超过酒精灯容积的（　　），还应大于容积的1/4。
A. 1/3　　　B. 1/2　　　C. 2/3　　　D. 3/4

5. 蒸馏低沸点（低于80℃）有机化合物时应采取哪种加热方式？（　　）
   A. 煤气灯　　　　B. 热水浴　　　　C. 电炉　　　　D. 沙浴
6. 常压条件下加热蒸馏或回流时，液体体积不能超过烧瓶容量的（　　）。
   A. 1/4　　　　　B. 2/3　　　　　C. 1/2　　　　D. 1
7. 进行水蒸气蒸馏操作时，先将被蒸溶液置于长颈圆底烧瓶中，加入量不超过其容积的（　　）。
   A. 1/4　　　　　B. 2/3　　　　　C. 1/3　　　　D. 1/2
8. 在使用高压灭菌锅时，先要在锅体内注入水，水位一定要超过电热管（　　）以上（不宜过多）；连续使用时，每次操作前，必须补足上述水位，以免烧坏电热管和意外发生。
   A. 2cm　　　　　B. 3cm　　　　　C. 4cm　　　　D. 5cm
9. 还原反应的催化剂雷尼镍应当储存于（　　）中。
   A. 煤油　　　　B. 水　　　　　C. 丙酮　　　　D. 酒精
10. 重氮反应在（　　）介质中，有些金属如铁、铜、锌等也能导致重氮化合物剧烈分解，甚至引起爆炸。
    A. 酸性　　　　B. 碱性　　　　C. 中性　　　　D. 以上均是

（三）多选题

1. 下列（　　）反应类型，都属于放热反应。
   A. 聚合反应　　B. 硝化反应　　C. 磺化反应　　D. 裂化反应
2. 物理灭菌是最常用的灭菌方法，主要包括（　　）。
   A. 消毒液灭菌　B. 热力学灭菌　C. 过滤除菌　　D. 紫外线灭菌
3. 在还原反应中，固体还原剂（　　）等都是遇湿易燃危险品。
   A. 保险粉　　　B. 硼氢化钾　　C. 氢化铝锂　　D. 雷尼镍
4. 关于氢氟酸的说法正确的是（　　）。
   A. 存放于塑料容器中
   B. 存放于玻璃容器中
   C. 具有强腐蚀性，能强烈腐蚀金属和玻璃等含硅的物质
   D. 使用和配制氢氟酸必须戴手套
5. 微生物实验室中常用的化学消毒剂有（　　）。
   A. 2%来苏尔溶液　　　　　　　B. 0.25%新洁尔灭消毒液
   C. 0.1%氯化汞　　　　　　　　D. 3%～5%甲醛溶液
   E. 75%乙醇溶液
6. 磺化试剂具有强烈的刺激性和氧化性，泄漏会造成灼烧、腐蚀、中毒等危害。常用的磺化试剂有（　　）。
   A. 浓硫酸　　　B. 发烟硫酸　　C. 二氧化硫　　D. 氯磺酸
7. 亚硝酸钠遇（　　）可发生激烈反应，有发生着火或爆炸的危险。
   A. 氯酸钾　　　B. 氯化钾　　　C. 高锰酸钾　　D. 硝酸铵

8. 实验室常见的漏水跑水事件有（　　）。

A. 水龙头或阀门损坏、水管老化及破裂

B. 冬季暖气管道爆裂

C. 遭遇突然停水后忘记关闭水龙头及阀门，来水后无人在现场

D. 下水管道长期失修发生堵塞

E. 水压忽然增大，致使循环水进出水管脱落而未及时发现

9. 可能产生喷溅事故的操作有（　　）。

A. 微波反应器中，使用封闭的容器进行反应

B. 分液漏斗萃取时，不及时排出产生的气体

C. 回流、蒸馏等装置组成一个密闭体系

D. 临近沸点时补加沸石

10. 处理突发情况的基本原则是（　　）。

A. 安全第一、以人为本   B. 预防为主、冷静处置

C. 严格管理、常抓不懈   D. 奋不顾身、保全财产

第四章
消防安全知识

一、消防安全基础知识

（一）燃烧

1. 燃烧的定义与条件

燃烧是指可燃物与助燃物相互作用发生的放热反应，通常伴有火焰、发光和（或）发烟现象。在时间或空间上燃烧失去控制就形成了火灾。为了有效地控制和扑灭火灾，有必要对燃烧的条件、类型、产物及危害等基本知识有一定的了解，以便通过控制和破坏燃烧的必要条件，达到控制和扑灭火灾的目的。

任何物质发生燃烧，必须同时具备三个条件：可燃物、助燃物（氧化剂）和引火源（温度）。可燃物是指能与空气中的氧或其他氧化剂发生燃烧反应的物质。助燃物（氧化剂）是指有较强的氧化性能，能帮助和支持可燃物燃烧的物质，即能与可燃物发生燃烧反应的物质。引火源（温度）是指供给可燃物与氧或其他助燃物发生燃烧反应的能源。没有可燃物，燃烧就失去了基础；没有助燃物，就不能形成燃烧反应；即使有了可燃物、助燃物，没有引火源把可燃物加热到燃点以上，燃烧也不能开始。

对于燃烧来说，上述三个条件是必要的，但不是充分的。有时即使燃烧的三个必要条件都具备，燃烧也不一定发生。这是因为可燃物、助燃物、引火源都存在极限值，达不到相应的极限值，燃烧也不能发生。所以，燃烧中的"量"的概念也是非常重要的。

首先，可燃物应具备一定的数量或浓度。达不到可燃物燃烧所需的数量或浓度，燃烧不会发生。如甲烷在空气中的浓度低于5%时就不会发生燃烧。

其次，必须提供足够的助燃物。可燃物在空气中燃烧时必须要有充足的氧（空气中的含氧量为21%）。当空气中的含氧量降低时，燃烧会逐渐减弱，甚至停止。不同的可燃物引起燃烧所需要的最低含氧量是不同的，如乙醚在空气中需要的最低含氧量为12%，低于最低含氧量燃烧就不会发生。

再次，引火源还应具备一定的温度和足够的能量。各种不同的可燃物发生燃烧，均有固定的点火能量要求,达到这一能量要求才能发生燃烧反应。

对于无焰燃烧,以上三个条件同时存在,相互作用,燃烧即会发生;而对于有焰燃烧,除以上三个条件外,燃烧过程中存在未受抑制的游离基(自由基),且形成链式反应使燃烧能够持续下去,也是燃烧的充分条件之一。

2. 燃烧的产物和危害

燃烧产物主要指可燃物燃烧时产生的气体、烟雾等物质。燃烧产物的产生取决于可燃物的组成和燃烧条件,按燃烧的完全程度分为完全燃烧产物和不完全燃烧产物。物质燃烧后产生的不能继续燃烧的新物质叫完全燃烧产物;物质燃烧后产生的还能继续燃烧的新物质称为不完全燃烧产物。大部分可燃物由碳、氢、氧、硫、磷和氮等元素组成,这些物质燃烧时生成二氧化碳、一氧化碳、氰化氢、水蒸气、二氧化硫、二氧化氮、一氧化氮等产物。一些有机物在氧气供应不足或温度较低的条件下燃烧,会生成醇类、酮类、醛类、醚类以及其他一些复杂的化合物。

燃烧的主要产物是烟气,烟气对人体最主要的危害是烧伤、窒息和吸入气体中毒。火场上的高温烟气可导致人体循环系统衰竭,气管、支气管内黏膜充血起水泡,组织坏死,并引起肺水肿而窒息死亡。烟气的减光性可影响人员的安全疏散和火灾的施救,还可造成人心理上的恐慌。燃烧产生的有毒气体可引起人体麻醉、窒息,甚至死亡。大量事实表明,火灾死亡人数中大约有80%是由于吸入毒性气体而致死的。有些不完全燃烧产物还能与空气形成爆炸性混合物,遇火源而发生爆炸,造成火势蔓延。

以下是部分燃烧产物对人体的危害。

氰化氢:一种迅速致死、窒息性的毒气。中毒轻者可引起头晕、恶心,重者可发生呼吸障碍甚至死亡。

一氧化碳:对血液中血红蛋白有亲和性,对血红蛋白的亲和能力比氧气高250倍,能阻碍人体血液中的氧气输送,引起头痛、虚脱、神志不清等症状和肌肉调节障碍。

二氧化碳:一种无色、无臭、略带酸味的气体,大气中含量一般为0.027%~0.036%。其在大气中的含量为8%~10%时,会导致人在短期内死亡。含碳物质在燃烧时,通常产生大量二氧化碳。

氯化氢:一种无色、有刺激性气味的气体,对眼和呼吸道黏膜有强烈的刺激作用。急性中毒可引起头痛、恶心、呼吸困难、胸闷,重者可发生肺炎、肺水肿。

二氧化氮和其他氮的氧化物:在人体吸入后与呼吸道黏膜上的水分子作用形成硝酸和亚硝酸盐,对肺组织产生刺激和腐蚀作用,能引起即刻死亡及滞后性伤害。

二氧化硫:对呼吸道黏膜和眼睛有强烈的刺激作用。少量吸入会引起咽喉干痛、流涕、流泪等症状;大量吸入会引起呼吸困难、支气管炎、肺水肿,甚至死亡。

(二)爆炸

1. 爆炸的定义

爆炸是物质在外界因素激发下发生物理和化学变化,瞬间释放出巨大能量和大量气体,发生剧烈体积变化的一种现象,即物质迅速地发生反应,在瞬间以机械功的形式放出巨大能量和发出声响,或气体在瞬间发生剧烈膨胀的现象。

爆炸按发生的原因和性质不同,可分为物理爆炸、核爆炸和化学爆炸三种形式。

2. 爆炸的分类

① 物理爆炸是物质因状态或压力发生突变而形成爆炸的现象。爆炸前后,爆炸物质的性质及化学成分均不改变。

② 核爆炸是指物质因原子核在发生"裂变"或"聚变"的链式反应瞬间放出巨大热量而产生的爆炸。

③ 化学爆炸是指物质在瞬间完成化学反应产生大量气体和能量的现象。爆炸前后物质的性质和化学成分发生根本变化。化学爆炸按爆炸时所发生的化学变化形式,可分为简单分解爆炸、复分解爆炸和爆炸性混合物爆炸。

根据爆炸瞬间燃烧速度的不同,还可分轻爆、爆燃、爆轰。物质爆炸时燃烧传播速度为每秒数十厘米至数米的称为轻爆,此类爆炸产生的破坏力不大,声响也不大,以每秒10米至数百米的速度传播的称为爆燃,此类爆炸破坏力较大,有震耳的声响。以每秒1000米至数千米的速度传播的称为爆轰,由于短时间内发生燃烧产物急剧膨胀,产生冲击波,此类爆炸破坏力巨大。

3. 爆炸极限

可燃气体或蒸气与空气混合形成爆炸性混合物,浓度达到一定范围时,遇火源立即发生爆炸。爆炸性混合物发生爆炸的浓度范围称为爆炸极限,发生爆炸的最低浓度称爆炸下限,最高浓度称为爆炸上限。可用爆炸极限来评定气体火灾危险性的大小。爆炸极限越低、范围越大,火灾危险性就越大。例如乙炔在空气中的爆炸上限为82%,爆炸下限为2.5%,爆炸极限为2.5%~82%,极易发生爆炸。常见物质的爆炸极限见表4-1。

表4-1 常见物质的爆炸极限 单位:%(体积分数)

物质名称	爆炸极限	物质名称	爆炸极限	物质名称	爆炸极限
戊烷	1.5~7.8	乙醇	3.3~19.0	一氧化碳	12.5~74.2
己烷	1.1~7.5	甲醇	6.0~36.5	乙苯	1.0~6.7
庚烷	1.1~6.7	甲醚	3.4~27.0	乙烷	3.0~12.5
异丙醚	1.4~22.0	二甲胺	0.6~5.6	乙炔	2.5~82.0
乙醚	4.0~75.6	氢气	1.7~49.0	乙烯	2.7~36.0
丙烷	2.1~9.5	氨气	15~28	苯甲醚	1.3~9.0
苯	1.2~8.0	二硫化碳	1.3~50.0	甲乙醚	2.0~10.1
甲苯	1.1~7.1	甲烷	5.0~15.0	乙胺	3.5~14.0
丙酮	2.6~12.8	硫化氢	4.3~45.5	环氧乙烷	3.6~100.0
丁烷	1.9~8.5	苯乙烯	1.1~6.1	天然气	3.8~13.0

4. 影响爆炸极限的因素

爆炸极限是在一定条件下测得的数据,不是固定不变的。它随着外界条件如温度、压力、含氧量、惰性气体含量、火源强度、容器等因素变化而变化。

(1) 初始温度

混合气体的初始温度升高,会使分子的反应活性增加,爆炸下限降低、上限提高,爆炸危险性增加。

(2) 含氧量

混合气体中含氧量增加可使爆炸上限增高,爆炸极限范围扩大,爆炸危险性增加,如甲烷在空气中的爆炸极限是5.0%～15.0%,在纯氧中的爆炸极限则是5.0%～61.0%。若减少空气中的含氧量,使其低于甲烷爆炸极限含氧量,甲烷就不会发生燃烧爆炸。

(3) 压力

混合物的压力升高,会使爆炸上限显著增加,爆炸极限范围扩大,爆炸危险性增加。

(4) 惰性气体含量

混合物中加入惰性气体,如氮气、二氧化碳、氩气等,可使爆炸上限显著降低,爆炸极限范围缩小。惰性气体增加到一定浓度时,可使混合物不能爆炸。增大惰性气体的浓度对爆炸上限的影响更为明显,因为增大惰性气体浓度,相对降低了含氧量,导致爆炸上限显著下降。

(5) 火源强度

火源的强度高,受热面积大,火源与混合物接触时间延长,均使爆炸极限范围扩大,增加燃烧爆炸的危险性。

(6) 容器

容器管道的直径越小,爆炸极限范围越小,发生爆炸的危险性越小。当容器管道的直径小到一定程度时,火焰因不能通过而熄灭。

5. 防爆的基本措施

可燃物发生化学爆炸必须具备三个条件:①存在可燃物;②可燃物与空气(或氧气)混合达到一定浓度范围;③具有足够的引爆能量。这三个条件共同作用才能发生爆炸。防止化学爆炸的发生就是要阻止这三个条件的同时存在和相互作用,如保持良好通风,防止爆炸物质聚集达到爆炸极限;在体系内通入惰性气体;密封系统,防止可燃物泄漏;安装监测和报警装置等措施,均可有效避免爆炸事故的发生。

二、灭 火 常 识

(一) 常见的消防安全标志

悬挂消防安全标志的目的是引起人们对不安全因素的注意,树立安全意识,预防发生事故。消防安全标志是由安全色、边框、图像、图形、符号、文字组成,能够充分体现消防安全内涵、规模和消防安全信息的标志。消防安全标志的颜色中红色表示禁止,黄色代表火灾或爆炸危险,绿色表示安全和疏散途径;黑色、白色主要用于表达文字。常见的消防安全标志见表4-2。

表 4-2　常见的消防安全标志

(1)火灾报警与手动控制装置		

消防手动启动器 指示火灾报警系统或固定灭火系统等的手动启动器	发声报警器 指示该手动启动装置是启动发声警报装置的	火警电话 指示在发生火灾时,可用来报警的电话及电话号码
(2)火灾时疏散途径			

紧急出口 指示在发生火灾等紧急情况下,可使用的一切出口		滑动开门 指示装有滑动门的紧急出口,箭头指示该门的开启方向	

推开 本标志置于门上,指示门的开启方向	拉开 本标志置于门上,指示门的开启方向	击碎板面 指示:①拿到钥匙或开门工具;②制造一个出口	禁止阻塞 表示阻塞(疏散途径或通向灭火设备道路等)会导致危险
	—	—	—
禁止锁闭 表示紧急出口、房门等禁止锁闭			

续表

(3)灭火设备			
灭火设备 指示灭火设备集中存放的位置	灭火器 指示灭火器存放的位置	消防水带 指示消防水带、软管卷或消火栓箱的位置	地下消防栓 指示地下消防栓的位置
			—
地上消防栓 指示地上消防栓的位置	水泵接合器 指示消防水泵接合器的位置	消防梯 指示消防梯的位置	—
(4)具有火灾、爆炸危险的地方或物质			
当心火灾——易燃物质	当心火灾——氧化物	当心火灾——爆炸性物质	禁止用水灭火 表示：①该物质不能用水灭火；②用水灭火会产生危险
禁止吸烟	禁止烟火 表示吸烟或使用明火能引起火灾或爆炸	禁止放易燃物 表示存放易燃物会引发火灾或爆炸	禁止带火种 表示存放易燃易爆物质，不得携带火种
	—	—	—
禁止燃放鞭炮	—	—	—

（二）实验室常见的灭火器及使用方法

1. 灭火器类型

灭火器的种类及适用范围见表 4-3。

表 4-3 灭火器的种类及适用范围

名称	成分	适用范围
泡沫灭火器	$Al_2(SO_4)_3$ 和 $NaHCO_3$	用于一般失火及油类着火。因为泡沫能导电,所以不能用于扑灭电器设备着火
四氯化碳灭火器	液态 CCl_4	用于电气设备及汽油、丙酮等火灾。四氯化碳在高温下生成剧毒的光气,不能在狭小和通风不良的实验室使用。注意四氯化碳与金属钠接触会发生爆炸
1211 灭火器	CF_2ClBr 液化气体	用于油类、有机溶剂、精密仪器、高压电气设备着火
二氧化碳灭火器	液态 CO_2	用于电气设备失火、忌水物质及有机物着火
干粉灭火器	$NaHCO_3$ 等盐类与适量的润滑剂	用于油类、电气设备、可燃气体及遇水燃烧等物质着火

2. 灭火器使用方法

（1）手提式干粉灭火器使用方法

手提式干粉灭火器应在距燃烧 3m 左右展开灭火,不可颠倒使用。如在室外,应选择上风口进行灭火。灭火时拉掉手柄上的拉环（有喷射管的则用左手握住喷射管）,右手提起灭火器并按下压把,对准火焰根部位置,横扫燃烧区。

（2）二氧化碳灭火器使用方法

拉掉手柄上的拉环,一只手握住喷管,另一只手压下压把,对准火焰根部位置,横扫燃烧区。如在室外,有风时灭火效果不佳。

二氧化碳灭火器在喷射过程中应保持直立状态,不可平放或颠倒使用。二氧化碳灭火器有效喷射距离较小,灭火时一般不超过 2m。使用时不要接触喷管金属部分,以防冻伤。在室内窄小空间使用时,灭火后操作者应迅速离开,以防窒息。火灾扑灭后,现场人员应先打开门窗通风,然后再进入。

（3）泡沫灭火器使用方法

拉掉手柄上的拉环,一只手提起灭火器并按下压把,另一只手握住喷管,对准火焰根部位置,横扫燃烧区。

在泡沫喷射过程中,应一直紧握开启压把,不能松开,而且不要将灭火器横置或倒置,以免中断喷射。如果扑救的是可燃液体的火灾,应将泡沫喷射覆盖在可燃液体表面。如果是容器内可燃液体着火,应将泡沫喷射在容器的内壁上,使泡沫沿器壁淌入,覆盖到可燃液体表面上,避免将泡沫直接喷射到可燃液体表面,以防止喷射流的冲击力将可燃液体冲出容器而扩大燃烧范围,增大灭火难度。灭火时,应随着喷射距离的减小,使用者逐渐向燃烧处靠近,始终让泡沫喷射在燃烧物上,直至将火扑灭。

(三) 常见的实验室火灾的类型、处置办法及注意事项

1. 实验室火灾类型

① 明火加热设备引起火灾。实验室内使用加热器具和设备，增大了引发火灾可能性，若加热设备等运行时间长，易出现故障，易造成火灾。

② 违反操作规程引起火灾。如不规范的蒸馏、回流等操作，易诱发火灾、爆炸事故。

③ 易燃易爆危险品引起火灾。

④ 化学废弃物引起火灾。

⑤ 用电不规范或电路老化引起火灾。私拉乱接电线、仪器设备超出规定使用期限、电源插座附近堆放易燃易爆物品、一个电源插座上通过转接头连接过多的电器、超负荷用电等均可能造成火灾。

⑥ 违规吸烟，乱扔烟头引起火灾。

2. 实验室火灾的常用处置方法

实验中一旦发生了火灾切不可惊慌失措，应保持镇静。首先立即切断室内火源和电源，然后根据具体情况积极正确地进行抢救和灭火。常用的方法如下。

① 在可燃液体燃着时，应立刻拿开着火区域内的一切可燃物，关闭通风器，防止燃烧范围扩大。若着火面积较小，可用石棉布、湿布、铁片或沙土覆盖，隔绝空气使之熄灭。但覆盖时动作要轻，避免碰坏或打翻盛有易燃溶剂的玻璃器皿，导致更多的溶剂流出而再次着火。

② 酒精及其他可溶于水的液体着火时，可用水灭火。

③ 汽油、乙醚、甲苯等有机溶剂着火时，应用石棉布或沙土扑灭。绝对不能用水，否则会扩大燃烧面积。

④ 金属钠着火时，可用沙子扑灭。

⑤ 导线着火时不能用水及二氧化碳灭火器，应切断电源或用四氯化碳灭火器灭火。

⑥ 衣服被烧着时切不要奔走，可用衣服、大衣等包裹身体或躺倒在地上滚动灭火。

⑦ 发生火灾时注意保护现场，较大的着火事故应立即报警。

3. 实验室火灾扑救注意事项

① 实验室内发生火灾时不要惊慌失措，要保持镇静。如果火势不大，应迅速利用灭火器具对火势进行有效的控制和扑救。迅速联系实验室安全责任人、校保卫处、校资产处与实验室管理处负责人。

② 对于初期火灾，应首先熄灭附近的所有火源，切断电源，移走可燃物。

③ 小容器内物质着火时可用灭火毯或湿抹布覆盖灭火，较大的火灾应根据着火物质性质选用灭火器扑救。

火灾类型及适合选用的灭火器具见表4-4。

表 4-4 火灾类型及适合选用的灭火器具

火灾类型	着火物	灭火器具
A 类	含碳固体可燃物,如木材、棉毛、麻、纸张等	水、泡沫灭火器、干粉灭火器、卤代烷灭火器
B 类	甲、乙、丙类液体或可熔化固体物质,如汽油、煤油、柴油、甲醇等	干粉灭火器、泡沫灭火器、卤代烷灭火器
C 类	可燃烧气体,如煤气、天然气、甲烷等	干粉灭火器、卤代烷灭火器
D 类	可燃的活泼金属,如钾、钠、镁等	沙土、铸铁粉末或灭火毯(严禁用水)
E 类	带电物体、仪表电器、仪器等	干粉、卤代烷灭火器(严禁用水)

甲类液体（闪点<28℃）：二硫化碳、氰化氢、正戊烷、正己烷、正庚烷、正辛烷、1-己烯、2-戊烯、1-己炔、环己烷、苯、甲苯、二甲苯、乙苯、氯丁烷、甲醇、乙醇、50%（体积分数）以上的白酒、正丙醇、乙醚、乙醛、丙酮、甲酸甲酯、乙酸乙酯、丁酸乙酯、乙腈、丙烯腈、呋喃、吡啶、汽油、石油醚等。

乙类液体（28℃≤闪点<60℃）：正壬烷、正癸烷、二乙苯、正丙苯、苯乙烯、正丁醇、福尔马林、乙酸、乙二胺、硝基甲烷、吡咯、煤油、松节油、芥籽油、松香水等。

丙类液体（闪点≥60℃）：正十二烷、正十四烷、二联苯、溴苯、环己醇、乙二醇、丙三醇（甘油）、苯酚、苯甲醛、正丁酸、氯乙酸、苯甲酸乙酯、硫酸二甲酯、苯胺、硝基苯、糠醇、机械油、航空润滑油等。

④ 油浴和有机溶剂（汽油、乙醚、甲苯等）着火禁用水扑救，防止其随水流散而使火势蔓延。

⑤ 电器或者线路着火时，首先应切断电源，再用干粉或卤代烷灭火器灭火，不可直接泼水灭火，以防触电或电器爆炸。

⑥ 沙土、水泥和灭火毯等几乎可以用于扑灭各种初期小火灾。

⑦ 使用各种灭火器时，要对准火焰的底部喷射。

⑧ 个人衣服着火时，切勿慌张奔跑，以免风助火势，应迅速脱衣，用水龙头浇水灭火，火势过大时可就地卧倒打滚压灭火焰。

⑨ 一间房间着火时，撤离现场后要赶快把门关闭，用湿润的被褥或者衣服塞住门缝，必要时向门泼水降温。

⑩ 在发生大火灾逃生时，身上最好披上润湿的棉被之类的物品，行进时尽量使身体贴近地面，并用湿毛巾捂住鼻子。如果遇到可燃液体着火并大量流散时，应使用吸水的棉被、棉衣或灭火的沙土紧急构筑防止液体蔓延的坎。此时人员疏散时不可贴地爬行。

⑪ 发生火灾时不可使用电梯。

三、实验室火灾预防

（一）实验室常见火灾产生原因

① 实验室管理不到位，导致发生违反安全防火制度的现象。例如，违反规定在实验室

吸烟并乱扔烟头；不按防火要求使用明火，引燃周围易燃物品。

② 配电不合理、电气设备超负荷运转，造成电路故障起火；电气线路老化造成短路；等等。

③ 易燃、易爆化学品储存或使用不当。

④ 违反操作规程或实验操作不当引燃化学反应生成的易燃易爆气体或液态物质。

⑤ 仪器设备老化或未按要求使用。

⑥ 实验室未配置相应的灭火器材，或缺乏维护造成灭火器材失效。

⑦ 实验期间脱岗，或实验人员缺乏消防技能，发生事故不能及时处理。

（二）实验室火灾预防

1. 严格执行操作规程

严格执行操作规程是做好实验室防火工作的最基本最可靠的手段。实验室首先要根据各类实验性质，在积累经验的基础上，建立科学的实验安全操作规程。实验人员应熟悉所使用物质的性质、影响因素与正确处理事故的方法；了解仪器的结构、性能、安全操作条件与防护要求，严格按操作规程操作。实验中要修改操作规程时，必须经过小量实验的科学论证，否则不可改动。

2. 易燃易爆危险品操作时的防火要求

操作、倾倒易燃液体时，应远离火源。操作危险性大的液体时，如乙醚或二硫化碳，应在通风柜或防护罩内进行，或安装蒸气回收装置。危险性操作如能喷出火焰、腐蚀性物质、毒物、爆炸物，容器口应对向无人处。开启试剂瓶时，瓶口不得对向人体，如室温过高，应先将瓶体冷却。黄磷、金属钾、金属钠、氢化铝、氢化钠等自燃物，数量较大者应在防火实验室内操作；金属钾、钠操作应防止与水、卤代烷接触。久置的有机化合物如醚、共轭烯烃等物质容易吸收空气中的氧，生成易爆的过氧化物，需特殊处理后方可使用。

易引起燃爆事故的性质不相容物不可相互接触。如氧化剂与易燃物不得一起研磨，过氧化钠、钾不得用纸称量。蒸馏或回流实验中，必须预先放置助沸物（沸石、素烧瓷片或一端封闭的适宜长度的毛细管等）。严禁向近沸液体中添加助沸物，若需添加，应先移去热源，待液体冷却后再加，以免大量液体从瓶口喷出起火。

蒸馏较大量易燃液体时，宜用滴液漏斗不断加入，避免使用大蒸馏瓶，以降低燃烧的危险性。当所需馏分蒸出后，应停止蒸馏，防止蒸干而发生事故。

使用易燃溶剂重结晶时，应采用蒸汽浴、液浴或密闭电热板加热，用锥形瓶盛装，不得用烧杯等敞口容器。

设置专用容器收集废液、废物，不得直接排入下水道，以免引起燃爆事故。如有溅洒，应立即用纸巾吸除，并做适当处理。

3. 减压操作时的防火要求

真空系统所用容器应有足够的强度与厚度，材质均匀。减压蒸馏时应选用圆底烧瓶作接收器，不可用平底烧瓶或用锥形瓶接收，以免炸裂。烧瓶的坚固性次序为：圆底烧瓶＞平底烧瓶＞锥形瓶。

进行真空操作时，应严防空气突然进入热的装置，以免引起爆炸。真空泵应接附有单向阀或两通开关的安全瓶，通过安全瓶使空气充满装置，待系统内压力平衡后，再切断真空泵电源。

抽真空时，容器外面宜用铁丝网罩或布包裹，以备玻璃炸裂时防护。

4. 加压时的防火要求

高压釜应设置在专门的室内。高压釜应由强度高、耐高温、耐腐蚀的材料制成，耐压强度应为工作压强的 2～3 倍，压力表的指示范围宜为工作压力的 2 倍（至少超过 1/3）。

使用前应检查是否漏气，操作时应严格控制温度、压力等参数，用完后应待釜自冷，先开阀门，余气排尽后，再打开釜身，严禁用水冷却。

5. 使用加热设备时的防火要求

点燃煤气灯时，附近不得放置易燃易爆物品。为防止煤气爆炸，应按规定次序点燃、熄灭煤气灯。点燃时次序是：闭风，点火，开启煤气阀，调节风量。熄灯时次序是：闭风，关闭煤气阀。停气时，应将所有开关关闭。煤气系统应严密不漏，煤气管道、灯具应勤检查，漏处应及时修理，修好之前不得使用。

禁止用火焰在煤气管道上寻找漏气的地方，应用肥皂水检查。可用可燃气体浓度测定仪测定空气中煤气等可燃气体的含量，以确定其危险程度。

使用酒精灯和酒精喷灯时，酒精的添加量不应超过灯具容量的 2/3，切勿倒满以防酒精外溢。应用火柴点燃，不得用另一正在燃烧的酒精灯来点火，以免失火。燃着的灯焰应用灯帽盖灭。灯内酒精量使用到约 1/4 容量时，即应添加酒精，以免瓶内发生爆炸。

用电烘箱烘烤物料时，应根据待烘物料的物理、化学性质严格控制烘烤温度与时间。烘箱宜带自动温度控制装置，且应注意检查其工作是否可靠，以免因控制失灵而造成事故。升温时宜逐渐提高温度，避免升温过快。带有易燃液体的物件不得放入烘烤。易燃易爆物严禁放入烘烤。工作结束或停电时，应切断电源，防止长时间运行导致温度升高引燃物料。

常用的小型电炉，其电热丝外露，不能用于形成易燃蒸气物料的加热。当熔化石蜡、松香等可燃物时，应特别注意控制温度，防止大量冒烟或受热温度超过自燃点。加热易燃液体时，应用液浴，使用油浴时温度不得超过自燃点。

高温电炉应配设温度控制器，必要时应装报警装置，控制失灵时不得使用。高温电炉周围不得放置可燃物、腐蚀物以及其他危险物品，以防引起火灾或因炉体腐蚀而产生事故。易熔、可燃、挥发、腐蚀、爆炸物不得放入炉内加热。试样应用合适的耐高温坩埚盛装，包有滤纸的湿沉淀应经烘干、灰化后再送入炉膛内灼烧。熔样时应根据溶剂性质合理选择坩埚材料。为防止污损，炉膛底部应填防火板。

电烙铁不操作时，应搁在远离易燃物的不燃基座上。

6. 使用电气设备时的防火要求

对实验室内的各类电气设备应严格管理，电气线路的敷设，电气设备的安装、保护和维修都应严格按照国家的有关规范。有些电气设备功率较大，使用时应注意防止过载。接线应牢固，绝缘要良好，开关、导线均应符合要求，并宜使用单独的供电线路。

经常使用易燃易爆气体和液体的实验室的电气设施应达到整体防爆要求。

电气设备及线路应及时检查和更新，避免带隐患运转。

使用电水壶、微波炉和取暖器等加热电器时，不要离人。电器长时间不使用时，请拔下插头断电。

7. 加强防火安全管理

操作时若有易燃物沾污体表，应立即清洗，切勿近火。如有氧化物沾污衣物，也应如此，否则稍微受热即易着火。烧着的余烬火柴梗，不得乱丢或丢入废物桶内，应使其完全熄灭后，才可弃入桶内。灼热的坩埚、搅拌磁体，不得放于橡胶、塑料或纸等可燃物上，应远离可燃物，放于隔热板等不燃物体上。

操作爆炸危险性物质时，不应使用磨口玻璃瓶，以免由于启闭磨口塞时摩擦火花而引起爆炸事故。可用软木塞、橡胶塞或塑料塞。

操作可燃物或受热分解物品的实验室，应挂窗帘以防日晒。勿将易燃物质与玻璃器皿放于日光下，防止由于玻璃弯曲面的聚焦作用产生局部高热而引起燃爆事故。

8. 易燃易爆化学物品储存要求

易燃易爆物品应分类、分项存放，严防跑、冒、滴、漏现象发生。存放危险品的位置应远离热源、火源、电源、避免日光照射。危险品应严格密封保存，防止挥发和变质引起事故。任何物品一经放置于容器后必须贴上标签，发现异常应及时检查验证，不能盲目使用。

实验剩余或常用的少量易燃易爆化学物品，总量不超过 5kg 时，应放置到防火安全柜内由专人保管，超过 5kg 时应及时交回危险品库房储存。禁止把实验室当作仓库使用。

实验室使用的各类气体钢瓶应实施有效固定。可燃、易燃气体存放于气瓶仓库，使用管道供气。气瓶库应有良好的通风、降温、防爆、防静电等安全措施。可燃气体气瓶应安置可燃气体泄漏报警装置。

低闪点类易燃液体必须存放在防爆冰箱内，预防液体挥发物遇冰箱启闭火花引发爆炸事故。

四、灭火与逃生演练

（一）任务简介

危险情况设定：XX 年 X 月 X 日，理工实验楼 7 楼有机实验室在实验过程中，有机实验室烟感报警，楼道照明失灵，烟雾已在楼道内蔓延，能见度不足 5m，房间内已有明火。有机实验室有分析检验班学生 30 人正在进行实验，需要紧急疏散实验师生。当日指导教师发现火情后，立即向应急救援中心报警并同时上报校领导，开始实施应急处置程序。

（二）任务目标

1. 演练目的

① 提高师生在化学实验室对突发事件的应急处置能力，确保在突发事件来临时，能有组织、快速、高效、有序地安全疏散，让学生掌握逃生方法。为进一步提高学生应对各种自然灾害及突发事件的应变能力积累实战经验。

② 提高抢险救援现场指挥员的组织能力和小组与小组之间、学生与学生之间在突发事件中的配合能力，充分提高学生的整体协作处置能力。

③ 通过演练活动，培养学生听从指挥、团结互助的素养，并从中发现疏散过程中存在的问题，修订完善应急预案，增强应急预案的时效性、符合性和可操作性。

2. 演练目标

① 发现着火及时扑灭，将火灾控制在初期阶段，时间控制在 3～5min。

② 人员疏散时选择正确的逃生通道，火灾最佳逃生时间控制在 90s 内。

③ 火灾报警的内容：最重要的是沉着镇静地说清火灾初期的情况，包括起火单位名称、地址、起火部位、什么物资着火、有无人员围困、有无有毒或爆炸危险物品等，同时要讲清报警人的姓名和电话，以便随时联系。

（三）演练内容

1. 演练单位

有机实验室上课班级。

2. 演练人员

有机实验室上课师生 32 人。

3. 演练形式、时间及地点

时间由指导教师临时决定，演习地点为实验楼 7 楼有机实验室。

4. 基本情况说明

实验楼在校园中的位置，实验楼楼层分布情况，有机实验室在实验楼 7 楼的位置，详细逃生通道情况。消防器材在实验楼楼道的分布情况，有机实验室中消防器材分布详细情况。有机实验室中防毒面具、急救箱具等的放置位置。有机实验室实验情况，所用化学试剂、仪器等详细信息。

5. 演练科目

① 应急演练职责的落实；
② 应急报告程序演练；
③ 初期火灾的扑救；
④ 火灾紧急疏散撤离；
⑤ 指挥和信息沟通，报警及警报、信息收集、指令下达、无线有线通信等。

6. 演练原则

以人为本，疏散为主，统一指挥，共同参与，分工协作，反应迅速，措施得当。

7. 组织机构及职责

① 现场指挥：实验指导教师甲。
② 现场副指挥：实验指导教师乙（兼）。
③ 疏散引导组：组长，班长；成员，学生小组组长。
④ 灭火行动组：组长，指导教师乙，成员。学习委员、课代表等。
⑤ 通信联络组：组长，指导教师甲（兼）。
⑥ 火场警戒：学生课代表。

8. 人员职责

（1）现场指挥职责

① 平时负责指导学生灭火和应急疏散的宣传教育、培训演练工作。
② 实训时接到火情报告后，立即了解火灾现场情况。
③ 组织指挥实验室师生进行紧急撤离。
④ 对火势的发展做出准确判断，组织指挥学生利用现有消防器材对着火部位进行扑救。
⑤ 消防队到达现场后，配合做好火灾扑救工作。
⑥ 火灾扑灭后，组织人员对火灾现场进行保护，并配合消防部门做好火灾原因调查。
⑦ 演习结束后，组织学生做好各项恢复工作，保证教学秩序正常进行，并做好逃生演练总结工作。

（2）现场副指挥职责

① 平时配合指导教师甲做好对学生灭火和应急疏散的宣传教育、培训演练工作。
② 实训时接到火情报告后，立即配合现场指挥做好火灾扑救、人员疏散工作。
③ 消防队到达现场后，配合做好火灾扑救工作。
④ 火灾扑灭后，组织人员对火灾现场进行保护，并配合消防部门做好火灾原因调查。
⑤ 演习结束后，配合指导教师甲做好各项恢复工作，保证正常教学秩序，并做好逃生演练总结工作。

（3）疏散引导组职责

① 接到实验室危险信号后，按照现场指挥和疏散引导组组长的指令，迅速组织有机实

验室内学生进行疏散。

② 1min 内组织全部人员就近从出口撤离，疏散到指定地点集合。

③ 各疏散引导人员 5min 内完成人员集合并清点人数，将疏散情况上报现场指导教师，防止还有人员留在火灾现场尚未疏散。

④ 对受火灾威胁的危险物品和贵重物品进行转移。

⑤ 执行现场指挥发出的其他指令。

（4）灭火行动组职责

① 接到火警信息后，按照现场指挥和灭火行动组组长的指令，利用火场现有的消防器材、设施对初期火灾进行扑救和控制。

② 负责对火场受伤人员进行救治，并将其转移到安全地点。

③ 执行现场指挥发出的其他指令。

（5）通信联络组职责

① 发现火灾后，及时向应急救援中心报警，拨打"119"电话，同时通知单位领导。

② 拨打"120"，联系当地最近医院对火场受伤人员进行转移救治。

③ 联系学校后勤部门对火场进行断电。

④ 对火场所需物资和人员进行调配。

⑤ 熟练掌握相关抢险救援单位、部门、人员的联系方式。

（6）火场警戒职责

① 对进入火场的主要路口、通道进行警戒，防止无关人员进入。

② 防止疏散出来的人员再次回到火场。

③ 看守从火场疏散出来的物资，防止丢失和被盗。

④ 火灾扑灭后，对火场进行保护，防止人员破坏现场，便于消防部门的调查（演习结束后，对演习现场进行清理）。

9. 各应急处置小组的行动任务

（1）现场指挥

坚持"救人第一"的思想，立即按照应急处置方案指挥各疏散小组展开行动任务。临时指挥部设在实验楼安全平台。

（2）疏散引导组

将疏散引导人员分成 6 个小组，每组 4~5 人，引导学生就近从安全出口疏散。人员疏散完毕后，疏散引导组所有人员在实验楼安全平台集合，清点各组学生，防止有人员留在火场，并将疏散引导情况及时上报现场指挥。对受火灾威胁的危险物品和贵重物品进行转移（物资存放地点根据实际情况另设）。

（3）灭火行动组

携带通信工具和湿毛巾，利用有机实验室室内的消防栓或灭火器，对实验室内的火势进行扑救和控制。利用实验楼 7 楼的灭火器，对有机实验室内的火势进行扑救和控制，防止火焰向周围蔓延。根据现场指挥的指令，对 1 名受伤学生进行现场救治转移。

10. 注意事项

① 参加演习的学生要服从命令、听从指挥，态度严肃认真，严禁嬉笑打闹。
② 所有学生要熟悉和明确应急演练方案、疏散路线和疏散目的地，明确逃生演练目的。
③ 在演习中，各组人员要保持通信畅通，人员与人员、各组与各组之间要相互配合。
④ 演练展开后各组要沉着冷静、保持秩序，防止混乱现象发生。
⑤ 参加演习人员应熟悉各自的分工和职责，所有设备和器材要按操作规程准确操作。
⑥ 注意自我保护，防止安全事故发生。

五、案例分析

（一）油浴燃烧事故

时间：2004 年 3 月 27 日。

事故经过：当日深夜，大学生进行过夜实验，实验装置见图 4-1。其所用的油浴突然起火，幸被值日巡逻及时发现，未酿成严重后果。

图 4-1 实验装置

事故原因：实验时试剂滴落到油浴中，因油浴未及时更换，导致事故的发生。
经验教训：经常更换油浴。

（二）溶剂着火

事故经过：某高校实验室一位学生纯化溶剂四氢呋喃时，2L 圆底烧瓶加上冷凝管装置搭好后，加入 1L 左右的溶剂后随即接通电源加热，却忘记开冷凝水。半小时后，溶剂开始沸腾回流，越来越剧烈，大量蒸气外溢，该学生手足无措，旁边一位学生上前拔去电源插头，产生火花，引起溶剂蒸气燃烧，幸亏周围有其他人，急忙取灭火器将火扑灭。拔插头的学生脸部灼伤,立即被送去医院治疗,一个月后痊愈。

经验教训:处理醚类易燃而且易爆的溶剂时必须非常小心,回流溶剂时不开冷凝水是一种严重的违规操作。

(三)宿舍着火

2008年11月14日早晨6时10分左右,上海某大学学生宿舍楼发生火灾,火势迅速蔓延导致烟火过大,在浓烟威胁下,大部分学生采用湿毛巾捂住口鼻、弯腰逃生等方式自救,但仍有个别学生因受不了浓烟的熏呛准备跳楼。危急时刻,在消防队员的制止下,这几名学生最终被送至安全地带。火灾事故原因系学生在寝室里使用"热得快"引发电器故障,引燃周围可燃物。

据消防专家一线灭火救援经验和从火场搜救被困人员的情况分析,许多遇难者不是被明火烧到身体死亡的,而是被高温炙烤或吸入物质燃烧后产生的有毒有害烟雾气体造成窒息而死亡的。造成死亡的大部分原因是错过了第一逃生时间和不懂正确的逃生方法。一般火灾分为四个阶段,即初始阶段、发展阶段、猛烈阶段、下降熄灭阶段。火灾初始阶段是逃生的黄金时间,应选择正确通道、正确逃生方法逃生,错过了第一逃生时间后果不堪设想。

六、练 习 题

(一)判断题

1. 火灾对实验室构成的威胁最为严重,最为直接。应加强对火灾三要素(可燃物、助燃物、引火源)的控制。(   )

2. 保险丝断了可以用细铜丝代替。(   )

3. 电气线路着火时,要先切断电源,再用干粉灭火器或二氧化碳灭火器灭火,不可直接泼水灭火,以防触电或电气爆炸伤人。(   )

4. 实验大楼出现火情时千万不要乘电梯,因为电梯可能停电或失控;同时又因"烟囱效应",电梯井常常成为浓烟的流通通道。(   )

5. 在熟睡时,听到火警信号后以下均为正确的做法:①用手试一试门是否热,如是冷的,可开门逃生;②准备好湿毛巾;③切勿随意跳楼,自制救生绳索后再设法安全着陆;④利用自然条件作为救生滑道。(   )

6. 火灾发生后,当所有的逃生线路被大火封锁时,应立即退回室内,用手电筒、挥舞衣物、呼叫等方式向窗外发送求救信号,等待救援。(   )

7. 安装在有爆炸危险场所的灯具应该是防爆型的。(   )

8. 存有易燃易爆危险品的实验室禁止使用明火。(   )

9. 可以用烘箱干燥有爆炸危险性的物质。(   )

10. 爆炸是所有化学危险品的一个重要性质。（ ）

11. 爆炸是指物质瞬间突然发生物理或化学变化，同时释放出大量的气体和能量（光能、热能、机械能），并伴有巨大声响的现象。（ ）

12. 不能携带易燃易爆物品进入教室、宿舍、图书馆等人员聚集场所。（ ）

13. 爆炸性混合物的危险性是由它的爆炸极限、传爆能力、引燃温度和最小点燃电流比决定的。（ ）

14. 大火封门无路可逃时，可用浸湿的被褥、衣物堵塞门缝，向门上泼水降温，以延缓火灾蔓延时间，呼叫待援。（ ）

15. 当发生火情时应尽快沿着疏散指示标志和安全出口方向迅速离开火场。（ ）

16. 实验室内必须存放一定数量的消防器材，且必须放置在便于取用的明显位置，指定专人管理，按要求定期检查更换。（ ）

17. 实验室应配备相应的消防器材，参加实验人员要熟悉其存放位置及使用方法并掌握有关的灭火知识。（ ）

18. 使用手提灭火器时，拔掉保险销，握住喷管前端，对准火焰根部用力压下压把，将灭火剂喷出，就可灭火。（ ）

19. 消防工作的方针是"预防为主，防消结合"，实行消防安全责任制。（ ）

20. 建筑物发生火灾时，乘坐电梯疏散既快速又安全省力。（ ）

21. 扑救液体火灾时，应用灭火器扑救，不能用水扑救或其他物品扑打。（ ）

22. 消防队在扑救火灾时，有权根据灭火需要，拆除或者破损临近火灾现场的建筑。（ ）

23. 身上着火时，千万不要奔跑，可就地打滚或用厚重的衣物压灭火苗。（ ）

24. 二氧化碳灭火器使用不当，可能会造成冻伤。（ ）

25. 使用灭火器前一定要先确定灭火器的类型是否适用于该火灾。（ ）

26. 实验室一旦出现火情，应立即切断电源，积极进行灭火，火势无法控制时应马上逃离现场并迅速报警。（ ）

27. 实验室一旦出现火情，应立即大声呼叫，让周边的人能尽快采取措施。（ ）

28. 实验室内存放的易燃易爆物品必须与火源、电源保持一定距离，不得随意堆放。（ ）

29. 使用和储存易燃、易爆物品的实验室，必须严禁烟火。（ ）

30. 冷却灭火法指将灭火剂直接喷射到燃烧的物体上，使燃烧的温度降低到燃点以下，使燃烧停止。（ ）

31. 隔离灭火法指将周围未燃烧的可燃物移开或与正在燃烧的物品隔离，中断可燃物的供给，使燃烧因缺少可燃物而停止。（ ）

32. 窒息灭火法指阻止空气流入燃烧区或用不燃烧气体等冲淡空气，使燃烧物得不到足够的氧气而熄灭。（ ）

33. 实验室内使用电加热设备时必须确定位置，定点使用，周围严禁有易燃物。（ ）

34. 切勿在走廊、楼梯口等处堆放杂物，要保证通道和安全出口的畅通。（ ）

35. 穿过浓烟逃生时，要尽量使身体贴近地面，并用湿毛巾捂住口鼻。（ ）

36. 蓄热自燃指可燃物在没有直接火源的作用下，由于自身内部的物理、生物、化学反应，温度不断集聚升高，达到燃点发生燃烧的现象。（　　）

37. 要警惕实验室内发生电火花或静电，尤其在使用可能构成爆炸混合物的可燃性气体时，更需注意。（　　）

38. 实验室内储有一定量的易燃易爆化学危险品时，如使用和保管不当，极易引发火灾。（　　）

39. 警示标志的正面或其附近，不得有妨碍视线的固定障碍物，并尽量避免被其他临时性物体遮挡。（　　）

（二）单选题

1. 在火灾初期阶段，应采取（　　）方法撤离。

   A. 乘坐电梯

   B. 用湿毛巾捂住口鼻低姿从安全通道撤离

   C. 跳楼逃生

   D. 跑到楼顶呼救

2. 干粉灭火器不适宜扑救（　　）。

   A. 金属燃烧　　　B. 石油产品火灾　　　C. 有机溶剂火灾　　　D. 油漆火灾

3. 用灭火器灭火时，应对准火焰的（　　）喷射灭火剂。

   A. 根部　　　B. 中部　　　C. 上部　　　D. 都可以

4. 发现电器着火时应该（　　）。

   A. 别管它，赶紧跑

   B. 在保障安全的情况下先灭火，然后关电源

   C. 在保障安全的情况下先关掉电源，然后灭火

5. 二氧化碳灭火器不适宜扑救（　　）。

   A. 贵重仪器设备　　　　　　　　　B. 档案资料

   C. 计算机　　　　　　　　　　　　D. 钾、钠、镁、铝等物质

6. 扑灭电气火灾时不宜使用（　　）。

   A. 二氧化碳灭火器　　　　　　　　B. 干粉灭火器

   C. 泡沫灭火器　　　　　　　　　　D. 灭火沙

7. 实验大楼安全出口的疏散门应（　　）。

   A. 自由开启　　　B. 向外开启　　　C. 向内开启

8. 当打开房门闻到燃气气味时，要迅速（　　），以防止引起火灾。

   A. 打开燃气灶具查找漏气部位

   B. 打开门窗通风

9. 做加热易燃液体实验时（　　）。

   A. 可用电炉加热，要有人看管

   B. 用电热套加热可不用人看管

C. 用水浴加热，要有人看管

10. 烟头的中心温度大概是（　　）。

A. 200～300℃　　　　　　　　B. 400～500℃

C. 700～800℃　　　　　　　　D. 900～1000℃

11. 灭火的四种方法是（　　）。

A. 捂盖法、扑打法、浇水法、隔开法

B. 扑灭法、救火法、化学法、泡沫法

C. 隔离法、窒息法、冷却法、化学抑制法

12. 身上着火时应该（　　）。

A. 就地打滚　　　　B. 奔跑

13. 扑救易燃液体火灾时，应用哪种方法？（　　）

A. 用灭火器　　　　B. 用水泼　　　　C. 扑打

14. 在室外灭火时，应站在什么位置？（　　）

A. 上风　　　　　　B. 下风

15. 以下属于禁止标志的是（　　）。

A.　　　　B.　　　　C.　　　　D.

（三）多选题

1. 发生火灾拨通"119"后，应向"119"报告（　　），并派人到适当位置等待消防车。

A. 火灾详细地点　　　　　　　B. 火势大小

C. 燃烧物质及受影响的物质　　D. 人员被困情况

2. 进入公共场所，应注意细心观察场所的疏散情况，记住以下哪些细节以利于发生火灾情况下的紧急疏散？（　　）

A. 进出口位置　　　　　　　　B. 安全出口位置

C. 疏散通道楼梯的方位　　　　D. 电梯的位置

3. 发生电气火灾时可以使用的灭火设备包括（　　）。

A. 干粉灭火器　　　　　　　　B. 泡沫灭火器

C. 二氧化碳灭火器　　　　　　D. 灭火水龙头

4. 火灾蔓延的途径有哪些？（　　）

A. 热传导　　　　　　B. 热对流　　　　　　C. 热辐射

5. 下面哪些物质混合时，特别容易引起火灾？（　　）

A. 活性炭与硝酸铵

B. 硝酸、硫酸和盐酸

C. 抹布与浓硫酸

D. 可燃性物质（木材、织物等）与浓硫酸

E. 金属钾、钠和煤油

F. 液氧与有机物

G. 磷化氢、硅化氢、烷基金属及白磷等物质与空气

6. ABC 干粉灭火器适用于（　　）。

A. 电器起火　　　　　　B. 可燃气体起火　　　　　　C. 有机溶剂起火

7. 电气线路火灾的基本原因有（　　）。

A. 短路　　　　　　　　　　　　　　　　B. 过负荷

C. 接触电阻过大　　　　　　　　　　　　D. 电火花

E. 电弧

8. 下列选项中属于防爆措施的有（　　）。

A. 控制可燃物形成爆炸性混合物

B. 防止形成爆炸性混合物的化学品泄漏

C. 消除火源

D. 安装检测和报警装置

9. 物质燃烧必须同时具备的条件是（　　）。

A. 引火源　　　　　　　B. 助燃物　　　　　　　C. 可燃物

10. 按爆炸过程的性质，通常将爆炸分为（　　）几种类型。

A. 物理爆炸　　　　　　　　　　　　　　B. 化学爆炸

C. 核爆炸　　　　　　　　　　　　　　　D. 固体爆炸

E. 液体爆炸

11. 基本的实验室防火措施有（　　）。

A. 加强实验室人员的消防安全教育

B. 加强易燃易爆化学物品的管理

C. 严格执行操作规程

D. 严格用电管理

12. 实验室配备的常见的便携式灭火器材包括（　　）。

A. 各类自动消防设施

B. 灭火器

C. 灭火毯

13. 初期火灾扑救的指挥程序和要点是（　　）。

A. 及时报警

B. 及时组织扑救和疏散

C. 及时组织安全警戒

D. 当公安消防队赶到火灾现场后进行指挥权的移交

14. 有焰燃烧的充分条件是（　　）。

A. 可燃物

B. 助燃物（氧化剂）
C. 引火源（温度）
D. 存在未受抑制的游离基，且形成未受抑制的链式反应
15. 火灾按燃烧现象来分类，可分为（　　）。
A. 闪燃　　　　　B. 阴燃　　　　　C. 爆燃　　　　　D. 自燃

第五章
实验室电气设备安全知识

电能是一种方便的能源，它的应用给人类创造了巨大的财富，改善了人类的生活。电在造福人类的同时，也存在着潜在的危险。现代实验室中存在大量电气设备，包括高压设备、高温低温设备、高能设备、机械加工设备等，仪器的安装与使用都有特别的要求和规范。如果缺乏用电安全知识和技能，违反用电安全规则，就会发生人体触电或电气火灾事故，导致人身伤亡或设备损坏，造成重大人身和财产损失。为保证实验室工作人员安全和电气系统及仪器设备的正常运转，需要每一个人树立安全用电意识，掌握安全用电的知识与技能。

一、实验室用电安全

（一）实验室电气设备的安全配置

电气线路包括室外高压、低压架空线路，电缆线路、室内低压配线、二次回路等，以下主要介绍实验室内低压配线的线路安全。

1. 实验室线路

高校化学实验楼所有室内线路，都必须按照国家或行业相关标准和要求进行设计和敷设。实验室线路要有动力电和照明电两个独立系统。单相电是三线制（相线、零线、地线），三相电是五线制（三根相线、一根零线和一根地线）。实验室要安装配电箱。各实验台的分闸和照明灯的开关在配电箱内。所有动力电和照明电的电闸全部是空气开关，每一个回路都配有漏电保护器，某些特殊环境还需进行防爆处理。有条件时，还应该实施双路供电。

配电箱是安全用电的重要部位，一旦发生事故，首先必须拉断电闸。所以，各实验室和办公室的配电箱前面不允许放置遮挡物（冰箱、仪器等）。万一实验室电闸因故不能断开，要尽快把楼道配电柜内控制该房间的电闸断开。楼道配电柜的电闸和室内配电箱的各空气开关都要有永久性标志，注明各自负责的范围。

2. 对导线的要求

（1）导线的种类

常见的导线有铜芯、铝芯和铁芯三种。铜芯导线电阻最小，导电性能最好；铝芯导线次之；铁芯导线电阻最大，但机械强度最好，能承受较大外力。导线也有裸导线和绝缘导线之分，裸导线主要用于室外架空线路、变电站等场所，绝缘导线广泛用于生产、生活的各个方面。

（2）导线的安全载流量

导线长期允许通过的电流称为导线的安全载流量。其主要取决于线芯的最高允许温度。如果通过导线的实际电流超过了安全载流量，电流的热效应会使线芯温度升高，超过最高允许温度，加速绝缘层的老化甚至被击穿，容易引起火灾。因此，导线的安全载流量要大于电气设备的额定电流值，这是保证线路安全最重要的措施。

（3）导线的绝缘性能

无论使用哪一种导线，其绝缘材料的各方面性能都要处在良好状态。如果绝缘材料开始老化或某些部位的金属线芯已经裸露在外，应及时更换。

3. 不允许私自拆改实验室线路

实验室内各种线路都是按标准敷设的，三相电的负荷平均分配。如果私自拆改线路，增大或减小了某一相电的负荷量，就会出问题。用临时电线，不仅影响实验室的美观，还容易造成用电不平衡。如果确有需要改造实验室电气线路，必须经过相关部门同意，并由专业电工操作完成。

4. 插头、插座

要根据电流电压的要求选用质量好的合格产品。劣质产品的铜材料的质量、厚度、面积都会有问题，使接触电阻过大或实际载流量偏大，容易发生危险。电插板要放在台面上或绝缘物品上，不要放在地面上，以免漏水时发生短路。插头也要经常检查内部接线处是否脱落。大型仪器、电热设备及有保护接零要求和单相移动式电气设备，都应使用三孔插座。

5. 增加过多仪器设备的注意增容

实验室新增过多仪器设备，尤其是大型仪器时，要考虑室内配电总容量时。如果容量不够，必须增容，以免过载。

6. 防爆灯及防爆开关

化学实验楼的某些房间，如试剂库、有机和高分子的部分实验室，由于易燃气体浓度过高，遇火源会发生爆炸或火灾，还可能爆炸和火灾同时发生，造成严重的人身伤亡和经济损失。所以，这些房间必须安装防爆灯及防爆开关。主要是因为这些防爆电气设备通过特殊设计与制作，能防止其内部可能产生的电弧、火花和高温引燃周围环境里的可燃性气体，从而达到防爆要求。当然，不同的可燃性气体混合物环境对防爆灯及防爆开关的防爆等级和防爆形式有不同的要求。

防爆灯和防爆开关按防爆结构形式分为隔爆型、增安型、正压型、无火花型和粉尘防爆型五种主要类型，也可以由其他防爆类型和上述防爆类型组合为复合型或特殊型。

隔爆型防爆设备是目前高校化学院（系）使用的主要类型。这类设备能承受内部爆炸性混合物的爆炸而不致受到破坏，而且内部爆炸不致通过外壳任何接合面或结构孔洞引起外部爆炸性混合物的爆炸；隔爆型防爆设备的外壳主要用钢板、铸钢、铝合金、灰铸铁等材料制成，其耐压性和密封性要符合标准要求。

（二）实验室安全用电常识和注意事项

1. 实验室安全用电常识

① 不用潮湿的手接触电器。
② 电源裸露部分应有绝缘装置（例如电线接头处应裹上绝缘胶布）。
③ 所有电器的金属外壳都应保护接地。
④ 实验时，应先连接好电路后再接通电源。实验结束时，先切断电源再拆线路。
⑤ 修理或安装电器时，应先切断电源。
⑥ 不能用试电笔去试高压电，使用高压电源时应有专门的防护措施。
⑦ 如有人触电，应迅速切断电源，再进行抢救。

2. 实验室安全用电注意事项

① 使用动力电前，先了解电气仪表要求使用的电源是交流电还是直流电、三相电还是单相电以及电压的大小（380V、220V或110V）。必须弄清电器功率是否符合要求及直流电气仪表的正、负极。使用动力电时，应先检查电源开关、电机和设备各部分是否良好。
② 启动或关闭电气设备时，必须将开关扣严或拉妥，防止出现似接非接状况。使用电子仪器设备时，应先了解其性能，按操作规程操作，若电气设备发生过热现象或发出异味时，应立即切断电源。
③ 人员较长时间离开房间或电源中断时，要切断电源开关，尤其是要注意切断加热电气设备的电源开关。
④ 电源或电气设备的保险烧断时，应先查明烧断原因，排除故障后，再按原负荷选用适宜的保险丝进行更换，不得随意加入或用其他金属线代替。
⑤ 实验室的定碳炉、硅碳棒、高温炉均应设安全罩，应加接地线设备，妥善接地，以防止触电事故。
⑥ 注意保持电线和电气设备的干燥，防止线路和设备受潮漏电。
⑦ 实验室内不应有裸露的电线头，电源开关箱内，不准堆放物品，以免触电或燃烧。
⑧ 要警惕实验室内发生电火花或静电，在使用可能构成爆炸混合物的可燃性气体时，更需注意。

⑨ 没有掌握电气安全操作的人员不得擅自改动电气设施，或随意拆修电气设备。

⑩ 使用高压动力电时，应遵守安全规定，穿戴好绝缘胶鞋、手套，或用安全杆操作。

⑪ 在电气仪表使用过程中，如发现有不正常声响、局部升温或嗅到绝缘漆过热产生的焦味，应立即切断电源，并报告维护人员进行检查。

（三）触电急救措施与方法

"迅速、就地、准确、坚持"是触电急救的原则。发现人身触电事故时，发现者一定不要惊慌失措，首先要迅速将触电者脱离电源；然后立即就地进行现场救护，同时找医生救护；由于触电者经常会出现假死，对触电者的救护一定要正确，坚持不放弃。

1. 脱离电源的正确方法

电流对人体的作用时间越长，对生命的威胁越大。所以，触电急救首先要使触电者迅速脱离带电体。在脱离带电体时，救护人员既要救人，又要注意保护自己。

（1）脱离低压电源的常用方法

脱离低压电源的方法可用"拉""切""挑""拽"和"垫"五个字来概括。

① 拉：就近拉开电源开关，拔出插销或切断整个室内电闸。

② 切：当断开电源有困难时，可用带有绝缘柄或干燥木柄的利器切断电源。切断时应防止带电导线断落触及其他人。

③ 挑：如果导线搭落在触电人身上或压在身下，这时可用干燥木棍或竹竿等挑开导线，使之脱离电源。

④ 拽：救护人戴上手套或在手上包缠干燥衣服、围巾、帽子等绝缘物拖拽触电人，使其脱离电源导线。

⑤ 垫：如果触电人由于痉挛手指紧握导线或导线缠绕在身上，这时救护人可先用干燥的木板或橡胶绝缘垫塞进触电人身下使其与大地绝缘，隔断电源的通路，再采取其他办法把电源线路切断。

（2）脱离高压带电设备方法

由于电源的电压等级高，一般绝缘物品不能保证救护人员的安全，而且高压电源开关一般距现场较远，不便拉闸。因此，使触电者脱离高压电源的方法与脱离低压电源的方法有所不同。

① 立即电话通知有关部门拉闸停电。

② 如果电源开关离触电现场不太远，可戴上绝缘手套，穿上绝缘鞋，使用适合该电压等级的绝缘工具，拉开高压跌落式熔断器或高压断路器。

③ 抛掷裸金属软导线，使线路短路，迫使继电保护装置切断电源，但应保证抛掷的导线不触及触电者和其他人，防止电弧伤人或断线危及他人安全。

注意：如果不能确认触电者是否触及带电高压导线或断落在地上的带电高压导线无电时，救护人员在未做好安全措施（如穿绝缘靴或临时双脚并紧跳跃接近触电者）前，不能接近断线点 8～10m 范围内，防止跨步电压伤人。触电者脱离带电导线后也应迅速带至 8～

10m 以外，确认已经无电后立即开始触电急救。

（3）脱离电源时的注意事项

① 救护人不得采用金属和其他潮湿的物品作为救护工具。

② 在未采取绝缘措施前，救护人不得直接接触触电者的皮肤、潮湿的衣服及鞋。

③ 在拉拽触电人脱离电源线路的过程中，救护人宜用单手操作，这样对救护人员比较安全。

④ 当触电人在高处时，应采取预防措施预防触电人在解脱电源时从高处坠落摔伤或摔死。

⑤ 夜间发生触电事故时，在切断电源的同时会使照明失电，应考虑切断后的临时照明，如应急灯等，以利于救护。

2. 触电者脱离带电体后的处理

（1）触电者脱离带电体后的救护

① 对症抢救的原则是将触电者脱离电源后，立即移到安全、通风处，并使其仰卧。

② 迅速鉴定触电者是否有心跳、呼吸。

③ 若触电者神志清醒，但全身无力、四肢发麻、心悸、出冷汗、恶心或一度昏迷，但未失去知觉，应将触电者抬到空气新鲜、通风良好的地方舒适地躺下休息，让其慢慢地恢复正常。要时刻注意保温和观察。若发现呼吸与心跳不规律，应立刻设法抢救。

④ 若触电者出现呼吸或心跳停止症状，应立即实施心肺复苏术。

（2）救护注意事项

① 救护人员应在确认触电者已与电源隔离，且救护人员本身所涉环境安全距离内无危险电源时，方能接触伤员进行抢救。

② 在抢救过程中，不要为方便而随意移动伤员，更不要拼命摇动触电者。如确需移动，应使伤员平躺在担架上并在其背部垫以平硬阔木板，不可让伤员身体蜷曲着进行搬运。移动过程中应继续抢救。

③ 任何药物都不能代替人工呼吸和胸外心脏按压，严禁非专业医护人员给触电者用药。

④ 实施胸外心脏复苏术时，切不可草率行事，必须认真坚持，直到触电者苏醒或其他救护人员、医生赶到。如需送医院抢救，在途中也不能中断急救措施。

⑤ 在抢救过程中，要每隔数分钟再判定一次，每次判定时间不得超过 5~7s。

⑥ 在医务人员接替抢救前，现场救护人员不得放弃现场抢救，只有医生有权做出伤员死亡的诊断。

二、实验室常见设备及其使用安全

（一）实验室常见仪器设备及可能引发的事故种类

实验室常见仪器设备及可能引发的事故种类见表 5-1。

表 5-1　实验室常见仪器设备及可能引发的事故种类

装置类型	事故种类	装置示例
玻璃器具	割伤、烫伤	烧瓶、玻棒
高压装置	由气体或液体的压力所造成的伤害及发生的火灾、爆炸等事故	高压钢瓶、反应釜
高温装置	烧伤、烫伤	高温炉、烘箱
低温装置	冻伤	冷冻机
高能装置	触电、辐射	激光器、微波设备
高速装置	绞伤	离心机
机械装置	绞伤	机床、车床
大型仪器	损坏、火灾、冻伤、爆炸	气相色谱、核磁共振波谱仪

（二）玻璃仪器

1. 玻璃仪器安全使用通则

在实验过程中经常使用玻璃仪器，由玻璃器皿造成的事故有很多，大多数为割伤和烫伤。为了防止此类事故的发生，必须充分了解玻璃的性质。按玻璃的性质可以分为软质玻璃仪器和硬质玻璃仪器。软质玻璃承受温差的性能、硬度和耐腐蚀性都比较差但是透明度比较好，一般用来制造无需加热的仪器，如量筒、容量瓶等。硬质玻璃是一种硼硅酸盐玻璃，具有良好的耐受温差的性能，用它制造的仪器可以直接加热。硬质玻璃的硬度较高，质脆，抗压能力强，但是抗拉能力弱，导热性差，稍有损伤或局部施加温差都易断裂或破碎，其裂纹呈贝壳状，像锋利的刀具一样危险。所以，在使用玻璃仪器时容易出现意外伤害，需采取适当的安全防范措施，将危险性降至最低。

① 剪切或加工玻璃管及玻璃棒时，必须佩戴防割伤手套。

② 玻璃管及玻璃棒的断面要用锉刀锉平或用喷灯熔融，使其断面圆滑，不易造成割伤后再使用。

③ 连接橡胶管和玻璃管或将温度计插入橡胶塞时，先用水、甘油或润滑脂等润滑，边旋转边插入，如果感觉过紧可用锉刀等工具扩孔后再插入。

④ 玻璃器具在使用前要仔细检查，避免使用有裂痕的仪器。特别是用于减压、加压或加热操作的场合，更要认真进行检查。

⑤ 在组装烧瓶等实验装置时，不要过于用力，也要防止夹具拧得过紧使玻璃容器破损。

⑥ 加热和冷却时，要避免骤热、骤冷或局部加热。加热和冷却后的玻璃仪器不能用手直接触摸，以免烫伤和冻伤。

⑦ 不能在玻璃瓶和量筒内配制溶液，以免配制溶液产生的溶解热使容器破损。

⑧ 不能使用壁薄和平底的玻璃容器进行加压或抽真空实验。

⑨ 壁薄的玻璃容器在放置时要轻拿轻放，进行搅拌操作时避免局部过力。拿放较重的玻璃仪器时要用双手。

⑩ 一般情况下，不允许给密闭的玻璃容器加热。

⑪ 打开封闭管或紧密塞着的容器时，因其有内压，会发生喷液或爆炸事故，应小心慢慢打开。

⑫ 洗涤烧杯、烧瓶时，不要局部勉强用力或冲击。

⑬ 玻璃碎片要及时清理并丢弃在指定的垃圾桶内。

事故案例：将玻璃管插入橡胶塞、把橡胶管套入玻璃管以及在试管上塞橡胶塞时，强行操作而受伤。

2. 玻璃反应釜

玻璃反应釜（图 5-1）抗酸腐蚀性能优良，一般用作反应器或储罐，绝大部分在有机酸介质条件下使用，安全使用注意事项如下。

① 在玻璃反应釜中进行不同介质的反应，应首先查清介质对主体材料有无腐蚀。

② 装入的反应介质应不超过反应釜体积的三分之二。

③ 安装时将爆破泄放口通过管路连接到室外。

④ 每次开机时，要求任何按钮都应在初始状态。在每次工作完毕后将旋钮旋回最小位置，防止下次开机时电流太大对控制仪造成大的损坏。

⑤ 运转时如隔离套内部有异常声响，应停机放压，检查搅拌系统有无异常情况。定期检查搅拌轴的摆动量，如摆动量太大，应及时更换轴承或滑动轴套。

⑥ 夹套导热油加热，在加导热油时注意勿将水或其他液体掺入其中，应不定期地检查导热油的油位。

⑦ 定期对各种仪表及爆破泄放装置进行检测，以保证其准确可靠地工作，设备的工作环境应符合安全技术规范要求。

⑧ 工作时或结束时，严禁带压拆卸。严禁在超压、超温的情况下工作。

在工作的状态下打开观察窗，观察釜内介质的反应变化情况，应在短时间内快速观察，观察完毕后速将观察窗关闭。

⑨ 反应釜长期停用时，釜内外要清洗擦净，不得有水及其他物料，并存放在清洁干燥无腐蚀的地方。

3. 旋转蒸发仪

旋转蒸发仪见图 5-2。

图 5-1　玻璃反应釜

图 5-2　旋转蒸发仪

① 各接口、密封面、密封圈以及接头安装前，都需要涂一层真空脂。
② 加热槽通电前必须加水，不允许无水干烧。
③ 蒸馏烧瓶内溶液不宜超过容量的50%。贵重溶液应先做模拟实验，确认仪器适用后再转入正常使用。
④ 如果真空度太低，应注意检查各接头、真空管和玻璃瓶的气密性。
⑤ 使用时要先抽小真空（约至0.03MPa），再开旋转，以防蒸馏烧瓶滑落；停止时，先停旋转，手扶蒸馏烧瓶，连通大气，待真空度降到0.04MPa左右再停真空泵，以防蒸馏烧瓶脱落及溶液倒吸。
⑥ 根据溶剂沸点设定水浴温度，如溶剂沸点为80℃，则水浴可设定为50~55℃，不确定应设定多少摄氏度时一定要有人在场，以便在发生暴沸时进行减压。
⑦ 蒸馏完毕，先停止旋转，连通大气，不能直接关闭真空泵，要打开加料管旋塞，解除内部压力，同时托住蒸馏烧瓶，然后关闭真空泵，最后取下蒸馏烧瓶。
⑧ 旋蒸对空气敏感的物质时，需要在排气口接上氮气球，先通一阵氮气，排出旋蒸仪内的空气，再接上样品瓶旋蒸。蒸馏完毕，放氮气升压，再关泵，然后取下样品瓶封好。
⑨ 如果样品黏度比较大，应放慢旋转速度，最好手动缓慢旋转，以能形成新的液面，利于溶剂蒸出。

4. 石英纯水蒸馏器

石英纯水蒸馏器见图5-3。
① 使用前观察水位器、两个干簧水位器和三个冷凝管的气孔是否畅通。
② 干簧电线（蓝线）、温度控制器（红线）为仪器保护装置，不能随意挪动。
③ 必须注意烧瓶内水位的控制。横式烧瓶中的水位应在二分之一左右，水位应浸没石英加热管；在任何情况下，烧瓶内水不允许放净。
④ 使用过程中应多观察仪器状态，出现异常情况时，如噪声过大、横式烧瓶水位接近石英加热管、仪器长时间（10min以上）不产纯水等，应及时关机。

图5-3 石英纯水蒸馏器

⑤ 仪器工作时，不要触摸玻璃部分，以免烫伤。

（三）高压装置使用安全

高压装置一般是指是由表5-2所列的各种单元器械组合而成的联合体。

表5-2 常见高压装置及其单元器械

高压装置名称	单元器械
高压发生源	气体压缩机、高压气体容器
高压反应器	高压釜、各种合成反应管及催化剂填充管

续表

高压装置名称	单元器械
高压流体输送器	循环泵、管道及流量计
高压器械	压力计、各种阀门
安全器械	安全阀、逆火防止阀

高压装置一旦发生破裂，碎片即高速飞出，气体急剧冲出会形成冲击波，使人身、实验装置及设备等受到重大损伤，往往同时还会引燃所用的煤气和放置在其周围的药品，引起火灾或爆炸等严重的二次灾害。因此，使用高压装置时，必须严格遵守有关的安全操作规定。

1. 高压钢瓶

气体钢瓶是储存压缩气体的特制的耐压钢瓶。使用时，通过减压阀（气压表）有控制地放出气体。由于钢瓶的内压很大（有的高达 15MPa），而且有些气体易燃或有毒，所以在使用钢瓶时要特别注意安全。气瓶的安全使用要求如下。

① 气瓶应直立固定。

② 禁止敲击、撞击；禁止曝晒，远离明火和其他高温热源。

③ 开阀时要缓慢开启，防止升压过快导致高温产生；放气时操作人员应站在出气口侧开阀后观察减压阀压力变化，待压力合适再缓慢开启减压阀；关闭气瓶应用手旋紧，不用工具硬扳，以防损坏阀门。

④ 气瓶必须专瓶专用，不得擅自改装，气瓶瓶身的颜色和字迹必须完整、清晰。

⑤ 各种气体的减压阀不得互换，氧气和可燃气体的减压阀不能互用。

⑥ 瓶内的气体不得用尽，应保持有 196kPa 以上压力的余气，防止其他气体倒灌，方便充气单位进行检验。

⑦ 液化气体在冬天或者压力降低时出气缓慢，可用热水加热瓶身，不得用明火烘烤。

⑧ 可燃性气体一定要有防止回火的装置。

⑨ 如发生气瓶漏气，必须由专业人员维修，不得擅自检修。

⑩ 对于已投入使用的气瓶应定期检验，从出厂之日起每 4 年检验一次，使用超过 15 年的强制报废。检验合格标志为钢角阀上的检验环，按照检验环上的时间使用气瓶，过期的钢瓶应及时检验，确认其安全状况后方可使用。

⑪ 气瓶存放最好有专用的房间，如放在实验室，最好配有自动报警系统，并保持良好的通风。

⑫ 气瓶最好放在专用气瓶柜中，并用固定链条固定、以防气瓶倾倒产生危险。

⑬ 气瓶搬运之前要戴好瓶帽，以免搬运过程中损坏瓶阀，搬运过程必须小心谨慎，不可拖拽、平滚、碰撞等。

气瓶是盛装永久性气体、液化气体或溶解气体的移动式压力容器。气瓶色环的颜色是识别瓶内气体种类重要的特征。在我国，无论哪个厂家生产的气体钢瓶，只要是装同一种气体，其气瓶色环的颜色必然是一样的。因此，必须熟记一些气瓶的颜色及标记（如图 5-4 和表 5-3 所示）。

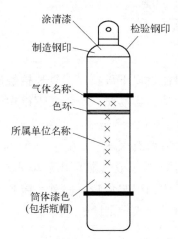

图 5-4 高压钢瓶及其颜色喷涂位置和标记

表 5-3 我国常用气瓶的颜色标记

气瓶名称		化学式（或符号）	字样	外表颜色	字样颜色	色环
氢		H_2	氢	淡绿	大红	$P=20$,大红单环；$P \geqslant 30$,大红双环
氧		O_2	氧	淡(酞)蓝	黑	$P=20$,白色单环；$P \geqslant 30$,白色双环
氮		N_2	氮	黑	白	
空气		Air	空气	黑	白	
氨		NH_3	液氨	淡黄	黑	—
氯		Cl_2	液氯	深绿	白	—
硫化氢		H_2S	液化硫化氢	白	大红	—
氯化氢		HCl	液化氯化氢	银灰	黑	—
天然气		CNG	天然气	棕	白	
液化石油气	工业用	—	液化石油气	棕	白	
	民用	—		银灰	大红	
二氧化碳		CO_2	液化二氧化碳	铝白	黑	$P=20$,黑色单环
甲烷		CH_4	甲烷	棕	白	$P=20$,白色单环；$P \geqslant 30$,白色双环
丙烷		C_3H_8	液化丙烷	棕	白	
氦		He	氦	银灰	深绿	
氖		Ne	氖	银灰	深绿	$P=20$,白色单环；$P \geqslant 30$,白色双环
氩		Ar	氩	银灰	深绿	
氪		Kr	氪	银灰	深绿	
乙烯		C_2H_4	液化乙烯	棕	淡黄	$P=15$,白色单环；$P=20$,白色双环
氯乙烯		C_2H_3Cl	液化氯乙烯	银灰	大红	—
二甲醚		C_2H_6O	液化二甲醚	淡绿	大红	—

注：色环栏内的 P 是气瓶的公称压力（MPa）。

2. 几种常见的气体高压钢瓶

（1）氧气瓶

氧气瓶在实验室使用时需要注意以下事项：①氧气接触油脂会氧化发热，甚至有燃烧爆炸的危险，因此氧气瓶严禁沾染油脂类物质；②气瓶不得靠近热源，禁止曝晒；③气瓶要用防震圈固定，且不得使气瓶跌落或受到撞击；④气瓶要戴安全瓶帽，防止摔断瓶阀造成事故；⑤瓶内氧气不可全部用尽，应留有余压（0.1~0.2MPa）；⑥瓶阀冻结时，严禁火焰加热，可用热水或水蒸气加热解冻；⑦一般气瓶可用肥皂水检漏，但氧气瓶不能用肥皂水检漏，以防止氧气与有机物发生反应而引起危险；⑧氧气瓶和可燃性气瓶不能同处一室；⑨将氧气排放到大气中时，应确保附近无火灾危险。

（2）乙炔气瓶

乙炔气瓶在实验室使用时需要注意以下事项：①乙炔为易燃气体，因此必须放在通风良好的地方；②乙炔使用压力一般不可超过0.1MPa，减压阀旋开不超过半圈；③气瓶不得靠近热源，禁止曝晒；④气瓶要有防震圈，且不得使气瓶跌落或受到撞击；⑤气瓶要戴安全瓶帽，防止摔断瓶阀造成事故；⑥气瓶应与明火有10m以上距离，与氧气瓶不得放在同一室内；⑦乙炔气瓶只能直立放置，避免丙酮流出。

（3）液化气瓶

液化气瓶在实验室使用时需要注意以下事项：①液化气瓶应该放置在容易搬动且干燥、不容易受腐蚀的地方；②要防止潮湿或油污腐蚀钢瓶，保持钢瓶的清洁；③贮气瓶要严防曝晒、严禁靠近明火或温度较高的地方；④气瓶要直立使用，严禁倒立或卧倒使用，满瓶或空瓶时都严禁撞击；⑤禁止用开水和明火加热钢瓶强行汽化。

（4）氢气瓶

氢气瓶在实验室使用时需要注意以下事项：①氢气与空气混合的爆炸范围很宽，须避免从钢瓶中快速释放氢气；②氢气瓶必须放在通风良好处；③使用过氢气的设备用氮气等惰性气体置换；④氢气瓶不可与氧气瓶一起存放；⑤气瓶严禁碰撞、敲击，远离火源。

案例：某高校研究生在给一个分析仪器充入氯气时，离开充气实验室去其他地方办事，回来后正在充气的分析仪器发生爆炸，飞出的玻璃碎片将学生手臂和面部割伤，导致其大量出血，其他同学发现后及时送去医治。本次事故的主要原因是研究生在充气时离开，致使分析仪器内的压力超过其最高允许工作压力，导致爆炸。使用气瓶时一定要记住，充气完成后必须将气瓶的总阀和减压阀同时关闭。

3. 高压釜

实验室进行高压实验时，最广泛使用的是高压釜（图5-5）。高压釜除高压容器主体外，往往还与压力计、高压阀、安全阀、电热器及搅拌器等附属器械构成一个整体。高压釜属于特种设备，应放置在符合防爆要求的高压操作室内。若装备多台高压釜，应分开放置，每间操作室均应有直接通向室外或通道的出口，高压釜应有可靠的接地。使用高压釜时，要注意以下要点。

① 查明刻于主体容器上的实验压力、使用压力及最高使用温度等条件，要在其允许的

条件范围内使用。

② 压力计的使用压力，最好在其标明压力的二分之一以内。并应经常把压力计与标准压力计进行比较，加以校正。

③ 氧气用的压力计，要避免与其他气体用的压力计混用。

④ 反应开始后要密切关注反应中各参数（压力、温度、转速）的变化，尤其是压力的变化，一旦发现异常，应马上关闭加热开关。如温度过高，可以通过冷却盘管接冷却水降温处理；如压力过高，可以进行降温或从排气阀放空（氢气放空时一定要通过管道排到室外）。

⑤ 温度计要准确地插到反应溶液中。

图 5-5　高压釜

⑥ 放入高压釜的反应液，不可超过其有效容积的三分之一。

⑦ 高压釜内部及衬垫部位要保持清洁。

⑧ 盖上盘式法兰盖时，要将位于对角线上的螺栓，一对对地依次拧紧。

⑨ 测量仪表破裂时，多数情况是在其玻璃面的前后两侧碎裂。因此，操作时不要站在这些有危险的地方。预计将会出现危险时，要把玻璃卸下，换上新的。

⑩ 安全阀及其他安全装置，要经过定期检查符合规定要求后方可使用。

4. 真空泵

在有机化学实验室里常用的真空泵有水泵和油泵两种。循环水真空泵如图 5-6 所示，旋片式真空泵是油泵的一种，如图 5-7 所示。水泵能抽到的最低压力理论上相当于当时水温下的水蒸气压力。例如，水温为 25℃、20℃ 和 10℃ 时，水蒸气的压力分别为 3192Pa、2394Pa、1197Pa。若不要求很低的压力，可用水泵。若要较低的压力，就需要使用油泵。油泵能抽到的压力在 133.3Pa 以下。油泵的好坏取决于其机械结构和油的质量，使用油泵时必须将其保护好。

如果蒸馏挥发性较大的有机溶剂时，有机溶剂会被油吸收，结果增加了蒸气压，从而降低了抽空效能；如果是酸性气体，会腐蚀油泵；如果是水蒸气则可能会使油变成乳浊液而使真空泵受损。因此使用真空泵时必须注意下列几点。

① 减压系统必须保持密封不漏气，所有的橡胶塞的大小和孔道要合适，橡胶管要用真空用的橡胶管。磨口玻璃涂上真空油脂。

② 用水泵抽气，应在水泵前装上安全瓶，以防水压下降，水流倒吸。停止抽气前，应先放气，然后关水泵。

③ 如能用水泵抽气，则尽量用水泵；如蒸馏物质中含有挥发性物质，可先用水泵减压除去挥发性物质，然后改用油泵。

④ 在蒸馏系统和油泵之间，必须装有吸收装置。

⑤ 蒸馏前必须用水泵彻底抽去系统中有机溶剂的蒸气。

5. 高压蒸汽灭菌器

高压蒸汽灭菌器（图 5-8）的操作人员要熟知设备性能及操作要求，严格按照操作规程使用高压容器设备。在实验室使用高压灭菌设备时需要注意以下事项。

图 5-6　循环水真空泵

图 5-7　旋片式真空泵

图 5-8　高压蒸汽灭菌器

① 高压灭菌器开机前,应检查密封圈、前封板、门板、直线导轨有无杂物和损坏;检查障碍开关及锁紧有无异常,用干净的棉布进行擦洗。

② 高压灭菌器连接蒸汽源及水源开关时,首先应检查其压力是否达到核定标准,水源压力是否达到规定值。

③ 高压灭菌设备运行时,操作人员不得远离设备,应密切观察设备的运行状况,如有异常,应及时处理,防止意外事故发生。

④ 高压灭菌器运行结束后,待舱内压力回零后,方可打开后门取出物品。

⑤ 灭菌器使用结束后,打开舱门,切断设备控制电源和动力电源或空气压缩机电源,关闭蒸汽源、供水阀门及压缩空气阀门。

⑥ 高压灭菌器使用完毕后应保持其内外及操作间清洁,应将舱内污物清洗干净,以防杂质堵塞。

(四) 高温装置使用安全

1. 箱式高温炉

箱式高温炉(图 5-9)是实验室常用的加热设备。使用时的注意事项如下。

① 高温炉要放在牢固的水泥台上,周围不应放有易燃易爆物品,更不允许在炉内灼烧有爆炸危险的物体。

② 高温炉要接有良好的地线,其电阻应小于 5Ω。

③ 使用时切勿超过箱式高温炉的最高温度。

④ 装取试样时一定要切断电源,以防触电。

⑤ 装取试样时炉门开启时间应尽量短,以延长电炉使用寿命。

⑥ 不得将沾有水和油的试样放入炉膛,不得用沾有水和油的夹子装取试样。

⑦ 一般根据升温曲线设定升温步骤。低温手动升温时,注意观察电流值,不可过大。

⑧ 以硅碳棒、硅碳管为发热元件的高温炉,与发热元件连接的导线接头接触要良好,

发现接头处出现"电焊花"或有"嘶嘶"声时,要立即停炉检修。

⑨ 不得随便触摸电炉及其周围的试样。

2. 马弗炉

① 马弗炉(图 5-10)放于坚固、平稳、不导电的平台上。通电前,先检查马弗炉的电气性能是否完好,接地线是否良好,并注意是否有断电或漏电现象。

② 使用温度不得超过马弗炉最高使用温度下限。

③ 灼烧沉淀时,按规定的沉淀性质所要求的温度进行,不得随便超出温度要求。

④ 保持炉膛清洁,及时清除炉内氧化物之类的杂物;熔融碱性物质时,应防止熔融物外溢,以免污染炉膛;炉膛内应垫一层石棉板,以减少坩埚的磨损及防止炉膛污染。

⑤ 热电偶不要在高温状态或使用过程中拔出或插入,以防外套管炸裂。

⑥ 不得连续使用 8h 以上。

⑦ 要保持炉外清洁、干燥,炉子周围不要放置易燃易爆及腐蚀性物品。

⑧ 禁止向炉膛内灌注各种液体及易溶解的金属。

⑨ 不用时应开门散热,并切断电源。

⑩ 马弗炉内热电偶所显示的指示温度,应定期校正。

图 5-9 箱式高温炉

图 5-10 马弗炉

3. 加热浴

(1) 水浴

当加热的温度不超过 100℃时,使用水浴加热较为方便。电热恒温水浴锅如图 5-11 所示。但是必须指出:使用水浴时勿使容器触及水浴器壁和底部,防止局部受热。当用到金属钾、钠的操作以及无水操作时,绝不能在水浴上进行,否则会引起火灾。由于水浴中的水不断蒸发,适当时要添加热水,使水浴中的水面保持稍高于容器内的液面。

(2) 油浴

当加热温度在 100~200℃时,宜使用油浴,其优点是反应物受热均匀,反应物的温度一般低于油浴温度 20℃左右。数显油浴锅如图 5-12 所示。常用油浴的使用注意事项有如下几点。

① 甘油,可以加热到 140~150℃,温度过高时则会碳化。

② 植物油如菜油、花生油等，可以加热到220℃，常加1‰对苯二酚等抗氧化剂，便于久用。若温度过高其会发生分解，达到闪点时可能燃烧，所以使用时要小心。

③ 石蜡油，可以加热到200℃左右，温度稍高时不会分解，但较易燃烧。

④ 硅油，在250℃时仍较稳定，透明度好，安全，是目前实验室里较为常用的油浴之一，但价格较高。

⑤ 使用油浴时要竭力防止产生可能引起油浴燃烧的因素，防止着火，当油浴受热冒烟时，应立即停止加热。油浴中悬挂温度计随时观察油浴的温度和有无过热现象，便于调节控制温度，温度不能过高，否则受热后有溢出的危险。加热完毕取出反应容器时，用铁夹夹住反应器离开油浴液面悬置片刻，待容器壁上附着的油滴完后，再用纸片或干布擦干器壁。

（3）沙浴

沙浴（图5-13）一般用铁盆装干燥的细海沙（或河沙），把反应器埋在沙中，特别适用于加热温度在220℃以上的实验。但沙浴传热升温速率较慢，且不易控制。因此，沙层要薄些，沙浴中应插入温度计，温度计水银球要靠近反应器。

（4）电热套

电热套是用玻璃纤维包裹着电热丝织成帽状的加热器，数显电热套如图5-14所示。由于电热套不是使用明火，因此不易着火，并且热效应高，升温用调压变压器控制，最高温度可达400℃左右，是有机实验室中常用的一种简便、安全的加热装置。需要强调的是，如果易燃液体（如酒精、乙醚等）洒在电热套上，仍有引起火灾的危险。

图 5-11　电热恒温水浴锅　　图 5-12　数显油浴锅　　图 5-13 沙浴　　图 5-14　数显电热套

4. 高温装置操作注意事项及安全防护

在化学实验中，使用高温或低温装置的机会很多，并且还常常与高压、低压等操作条件组合。在这样的条件下进行实验，如果操作错误，除发生烧伤、冻伤等事故外，还会引起火灾或爆炸之类的危险。因此，操作时必须十分谨慎。

（1）使用高温装置的一般注意事项

① 注意防护高温对人体的辐射。

② 熟悉高温装置的使用方法，并细心地进行操作。

③ 使用高温装置的实验，要求在防火建筑内或配备有防火设施的室内进行，并保持室内通风良好。

④ 按照实验性质，配备最合适的灭火设备，如粉末、泡沫或二氧化碳灭火器等。

⑤ 不得已必须将高温炉等高温装置置于耐热性差的实验台上进行实验时，装置与台面之间要保留1cm以上的间隙，以防台面着火。

⑥ 根据操作温度选用合适的容器材料和耐火材料。但是，选定时也要考虑所要求的操作气氛及接触物质的性质。

⑦ 高温实验禁止接触水。一旦在高温物体中混入水，水急剧汽化，发生所谓水蒸气爆炸。高温物质落入水中时，也同样产生大量爆炸性的水蒸气而四处飞溅。

（2）使用高温装置时的人体安全防护

① 要预计到衣服有被烧着的可能。因而，要选用简便易脱的服装。

② 要使用干燥的手套。如果手套潮湿，导热性增大。同时，手套中的水分汽化变成水蒸气会有烫伤手的危险，故最好用难于吸水的材料作手套。

③ 需要长时间注视赤热物质或高温火焰时，要戴防护眼镜。使用视野清晰的绿色防护眼镜比用深色的好。

④ 对于发出很强紫外线的等离子焰流及乙炔焰的热源，除使用防护面具保护眼睛外，还要注意保护皮肤。

⑤ 处理熔融金属或熔融盐等高温流体时，还要穿上皮靴之类的防护鞋。

（五）低温装置使用安全

在涉及低温操作的实验中，获得低温的手段有采用冷冻机和使用适当的冷冻剂两种方法。如，冰与食盐或氯化钙等混合构成的冷冻剂，大约可以冷却到－20℃的低温，且没大的危险性。但是，采用－80～－70℃的干冰冷冻剂以及－200～－180℃的低温液化气体冷却时，则有相当大的危险性。因此，操作时必须十分注意。

1. 冷冻机

使用冷冻机（图 5-15）的一般注意事项如下。

① 操作室内禁止存放易燃易爆等化学危险品，并严禁烟火。

② 冷冻系统所用阀门、仪表、安全装置必须齐全，并定期校正，保证其处于灵敏准确状态，水、油、氨管道必须畅通，不得有漏水、漏油、漏氨现象。

③ 机器在运行过程中，操作者应经常观察各压力表、温度表、氨液面、冷却水的情况，并听机器运转声音是否正常。

④ 机器运转过程中，不准擦拭、抚摸运转部位和调整紧固承受压力的零件。

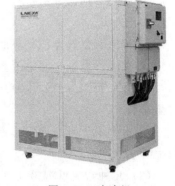

图 5-15 冷冻机

⑤ 机器运转过程中，发现严重缺水或特别情况时，应紧急停车。立即按下"停止"按钮，迅速将高压阀关闭，然后关上吸气阀、节流阀，15min 后停止冷却水，并立即找有关人员检查处理。

2. 低温液体容器

（1）低温液体的定义及危险性质

低温液体定义为正常沸点在-150℃以下的液体。最常用的工业低温液体,如氩、氮、氢、氯和氧都是在低温下以液体状态运输、操作和储存的。所有低温液体都可能存在来自下列性质的潜在危险。

① 所有低温液体的温度都极低。低温液体及其蒸气能够迅速冷冻人体组织,而且能导致许多常用材料,如碳素钢、橡胶和塑料变脆甚至在压力下破裂。容器和管道中的温度在低于液化空气沸点(-194℃)的低温下能够浓缩周围的空气,导致局部出现富氧空气。极低温液体,如氢和氦甚至能冷冻或凝固周围空气。

② 所有低温液体在蒸发时都会产生大量的气体。例如,在 0.1MPa 下,单位体积的液态氮在 20℃时蒸发成 694 个单位体积的氮气。如果这些液体在密封容器内蒸发,它们会产生能够使容器破裂的巨大压力。

③ 除了氧以外,在封闭区域内的低温液体会通过取代空气导致窒息。封闭区域内的液氧蒸发会导致氧富集,能支持和大大加速其他材料的燃烧,如果存在火源,会导致起火。

(2) 使用液化气体及液化气体容器的注意事项

① 操作必须熟练,一般要由两人以上进行实验。初次使用时,必须在有经验人员的指导下进行操作。

② 一定要穿防护服,戴防护面具或防护眼镜,并戴皮手套等防护用具,以免液化气体直接接触皮肤、眼睛或手脚等部位。

③ 使用液态气体时,液态气体应经过减压阀先进入一个耐压的大橡胶袋和气体缓冲瓶,再由此进入要使用的仪器,防止液态气体因减压而突然沸腾汽化,压力猛增而有发生爆炸的危险。

④ 使用液化气体的实验室,要保持通风良好。实验的附属用品要固定。

⑤ 液化气体的容器要放在没有阳光照射、通风良好的地点。

⑥ 处理液化气体容器时,要轻快稳重。

⑦ 装冷冻剂的容器,特别是真空玻璃瓶,新的容易破裂。所以要注意,不要把脸靠近容器的正上方。

⑧ 如果液化气体沾到皮肤上,要立刻用水洗去,沾到衣服时,要马上脱去衣服。

⑨ 发生严重冻伤时,要请专业医生治疗。

⑩ 如果实验人员发生窒息,要立刻将其移到空气新鲜的地方进行人工呼吸,并迅速找医生抢救。

⑪ 由于发生事故而引起液体大量汽化时,要采取与相应的高压气体场合相同的措施进行处理。

(3) 几种常见低温液化气体的使用注意事项

① 使用液态氧时,绝对不允许与有机化合物接触,以防燃烧。

② 使用液态氢时,对已汽化放出的氢气必须极为谨慎地将其燃烧掉或放入高空,因在空气中含有少量(约5%)氢气也会发生猛烈爆炸。

③ 使用干冰时,因二氧化碳在钢瓶中是液体,使用时先在钢瓶出口处接一个既保温又透气的棉布袋,液态二氧化碳迅速而大量地放出时,因压力降低,二氧化碳在棉布袋中结成干冰,再与其他液体混合使用。干冰与某些物质混合,即能得到-80~-60℃的低温。但

是，与其混合的大多数物质为丙酮、乙醇之类的有机溶剂，因而要求有防火的安全措施。并且，使用时若不小心，用手摸到用干冰冷冻剂冷却的容器时，往往皮肤被粘冻于容器上而不能脱落，引起冻伤。

④ 充氨操作时应将氨瓶放置在充氨平台上，氨瓶嘴与充氨管接头连接时，必须垫好密封垫，接好后，检查有无漏氨现象，打开或关闭氨瓶阀门时，必须先打开或关闭输氨总阀。充氨量应不超过充氨容积的 80％。冷冻机房必须配备氨用防毒面具，以备氨泄漏时使用。

事故案例：在使用液化空气过程中，不慎将其洒出沾到衣服上，当其蒸发汽化后，靠近火源时即着火而造成严重烧伤，主要原因是液氧残留在衣服内。

（六）高能高速装置使用安全

1. 激光器

激光器（图 5-16）因能放出强大的激光光线（可干涉性光线），所以若用眼睛直接观看，会烧坏视网膜，甚至失明，同时还有被烧伤的危险。激光器使用注意事项如下。

① 使用激光器时，必须戴防护眼镜。
② 要防止意料不到的反射光射入眼睛，要十分注意射出光线的方向，同时查明确实没有反射壁面之类的物体存在。
③ 最好把整个激光装置都覆盖起来。
④ 放出强大激光光线的装置，要配备捕集光线的捕集器。
⑤ 因为激光装置使用高压电源，操作时必须加以注意。

2. 微波设备

微波炉（图 5-17）使用时的注意事项如下。
① 当操作微波炉时，请勿于门缝置入任何物品，特别是金属物体。
② 不要在炉内烘干布类、纸制品类，因其含有容易引起电弧和着火的杂质。
③ 微波炉工作时，切勿贴近炉门或从门缝观看，以防微波辐射损坏眼睛。
④ 切勿将密封的容器置于微波炉内，以防容器爆炸。
⑤ 如果炉内着火，请紧闭炉门，并按"停止"键，关掉计时，然后拔下电源。
⑥ 经常清洁炉内，使用温和洗涤液清洁炉门及绝缘孔网，切勿使用具有腐蚀性的清洁剂。

图 5-16　激光器

图 5-17　微波炉

3. X射线发生装置

有X射线发生装置的仪器包括X射线衍射仪、X射线荧光分析仪等。长期反复接受X射线照射，会导致疲倦、记忆力减退、头痛、白细胞数量减少等。一般的防护方法就是避免身体各部位（尤其是头部）直接受到X射线照射，操作时要注意屏蔽，屏蔽物常用铅玻璃。X射线室的一般注意事项如下。

① X射线室入口的门上，必须标明安置的机器名称及其额定输出功率。

② 每周超出30mrem（1rem＝0.01Sv）照射剂量的危险区域（管理区域），必须有明确的标志。

③ 在X射线室外的走廊里，安装表明X射线装置正在使用的红灯标志。当使用X射线装置时，即把红灯拨亮。

④ 从X射线装置出口射出的X射线很强（通常为105R[❶]/min），因此，要注意防止在该处直接被照射。并且，确定X射线射出口的方向时，要选择向着没有人居住或出入的区域。

⑤ 尽管对X射线装置充分加以屏蔽，但要完全防止X射线泄漏或散射是很困难的。必须经常检测工作地点X射线的剂量，发现泄漏要及时遮盖。

⑥ 需要调整X射线束的方向或试样的位置，进行其他特殊实验时，必须取得X射线装置负责人的许可，并按照其指示进行操作。

⑦ 使用X射线的人员要按照要求穿上防护服及戴上防护眼镜等适当的防护用具。

⑧ 使用X射线的人员，要定期进行健康检查。

4. 高速离心机

离心机是利用离心力分离液体与固体颗粒或多相液体的混合物中各组分的机械。实验室常用的是高速离心机（图5-18），其转动速度较快。为了提高离心机的使用性能及寿命，减少离心机的使用安全隐患，使用离心机时的注意事项如下。

图5-18　高速离心机

① 离心机套管底部要垫棉花，且禁止使用老化、变形及伪劣的离心试管。

② 电动离心机如有噪声或机身振动，应立即切断电源，及时排除故障。

③ 离心管必须对称放入套管中，防止机身振动，若只有一支样品管，另外一支要用等质量的水代替。

④ 启动离心机时，盖上离心机顶盖后，方可慢慢启动。

⑤ 分离结束后，先关闭离心机，在离心机停止转动后，方可打开离心机盖，再取出样品，不可用外力强制其停止运动。

---

❶　1R（伦琴）＝2.58×10⁻⁴C/kg。

⑥ 离心时间一般为 1~2min，在此期间，实验者不准离开。

⑦ 使用离心机时，应避免穿戴宽松的衣服、领带，长发不可披肩。

案例：某高校一位老师在实验室使用一台大功率离心机时，离心机高速运转后，转子从机体内飞出，砸穿墙体，落在了隔壁的实验室里，所幸无人员伤亡。本次事故的主要原因是该老师在启动离心机前未将离心机中的样品放置均匀，高速旋转后转子失衡高速飞出。

（七）机械设备使用安全

使用机械工具的作业，常常给初学者带来意外事故。因此，必须在熟练操作者的指导下，熟悉其准确的操作方法，千万不可一知半解就勉强进行操作。

1. 操作机械加工设备的一般注意事项

① 操纵机床时，要用标准的工具。损坏机械或丢失工具时，必须由当事人说明情况并负责配备。

② 机械操作常因加工材料的种类、形状等的变化而引起意外事故，故要加以注意。

③ 机械的传动部分（如旋转轴、齿轮、皮带轮、传动带等），要安装保护罩，以防直接用手触摸。大型机械，要注意即使切断了电源开关，还需经过一定时间，才能停止转动。

④ 当启动机器时，要严格实行检查、发信号、启动三个步骤。停机时，也要实行发信号、停止、检查三个步骤。

⑤ 即便是停着的机械，也可能被其他不明情况的人合上电源开关。因此，进行检查、维修、给油或清扫等作业时，要把启动装置锁上或挂上标志牌。同时，还要熟悉并正确使用安全装置的操作方法。

⑥ 停电时，一定要切断电源开关，拉开离合器等装置，以防再送电时发生事故。

⑦ 指示机械的构造或运转等情况时，要用木棒之类的物体指明，绝不可使用手指。

⑧ 焊接（电焊或气焊）时，要由熟练人员操作。

⑨ 工作服必须合适，既不会被机械卡着，又能轻便灵活地进行操作。工作服把袖口、底襟收小较好。穿安全靴较好，绝不可穿木板鞋、拖鞋或皮鞋。一般不戴手套，最好戴帽子、防护面罩及防护眼镜。

使用各种机床应注意的事项见表 5-4。

表 5-4 使用各种机床应注意的事项

工具	使用规则
钻床	用老虎钳或夹具把加工材料夹持固定，加工小件物品时，如果用手压住是很危险的。要待钻床停止转动后，才可取下钻头及加工材料。同时，要卡紧夹头用的把手将夹头卡紧，使其不能旋转。切下来的钻床金属粉末，温度很高，不可接触身体
车床	用卡盘，最好用夹具把加工材料牢固固定。材料要求匀称，以使旋转均衡。车刀要牢固装于正确的位置。操作时，进刀量、物料进给量及切削速度要合适。加工过程中，要进行检测或清理车刀时，一定要停车进行。如果机械和刀口发生异常振动或发出噪声时，要立刻停止作业，进行检查
铣床	用夹具等工具牢固地夹住加工材料。在运转过程中，铣刀被材料卡住而使机器停止转动时，要立刻切断电源开关，然后请熟练操作人员指导，排除故障。切不可强行进刀或加快切削速度

续表

工具	使用规则
磨床	因切削粉末飞扬,故操作时要戴防护眼镜或防护面具。安装或调整磨石,要由熟练人员进行。使用前,一定要先试车,检查磨石是否破裂及固定螺栓有无松动。支承台与磨石之间要保持2~3m的间隙。若间隙过宽,材料及手指等易被卷入。此外,因磨石高速旋转,操作时要注意防止身体靠近磨石的前面。不能使用磨石的侧面进行加工。加工小件物品时,可用钳子之类的工具将其固定
电钻	要按照钻床的使用方法及注意事项进行操作。但因钻孔时要以腕力或身体重量压钻,在钻穿或钻头碎裂的瞬间,往往身体失去平衡而受伤
锯床	锯床属事故多发的机械之一,使用前要特别仔细检查。要正确地固定加工材料。中途发现加工不合规格要求时,一定要先切断电源开关,再进行调整。在操作过程中,不要离开现场

2. 机械性损伤事故的应急处理

机械性损伤指当机体受到机械性暴力作用后,器官组织结构被破坏或功能发生障碍,又称为创伤。根据损伤处皮肤或黏膜是否完整可分为闭合性损伤和开放性损伤。

实验室常发生的机械性损伤包括割伤、刺伤、挫伤、撕裂伤、撞伤、砸伤、扭伤等。对于轻伤,处理的关键是清创、止血、防感染。当伤势较重,出现呼吸骤停、窒息、大出血、开放性和张力性气胸、休克等危及生命的紧急情况时,应及时实施心肺复苏、控制出血、包扎伤口、骨固定、转运等操作。

三、练 习 题

(一) 判断题

1. 超声波清洗器是化学实验室清洗仪器和超声提取的重要装置,清洗缸内无液体时,禁止打开开关,以免损坏振动头。(   )

2. 气瓶应远离明火和其他高温热源,搬运之前要戴好瓶帽,以免搬运过程中损坏瓶阀,搬运时必须小心谨慎,不可拖拽、平滚、碰撞等。(   )

3. 氧气瓶可用肥皂水检漏。(   )

4. 在实验中用明火进行加热、蒸馏等实验操作,以及使用电热仪器时用电量过大等都可能造成火灾危险。(   )

5. 各种电源是否有电,均可用试电笔检验。(   )

6. 人员触电时,应该抓紧时间先救人,再去切断电源,以防延误救人时机。(   )

7. 为避免不同负载之间的相互干扰,实验室的照明用电、空调用电和仪器设备用电等最好分开布线。(   )

8. 液化气体在冬天或者压力降低时出气缓慢,可以用明火稍加烘烤。(   )

9. 有人触电的情况下,在拉拽触电人脱离电源线路的过程中,救护人宜用单手操作。这样对救护人比较安全。(   )

10. 若易燃液体(如酒精、乙醚等)洒在电热套上,由于其是用玻璃纤维包裹着电热丝

织成帽状的加热器，不是明火，并不会引起火灾。（　　）

（二）单选题

1. 在实验室使用冰箱时，下列操作错误的是（　　）。
A. 储存低沸点试剂（如乙醚、二氯甲烷等）时使用专业的防爆冰箱
B. 发生停电事件后，一定要把冰箱门敞开一段时间后再重新接通电源
C. 实验室没有存放有毒试剂的冰箱可以存放个人食品
D. 冰箱应该及时除霜

2. 气瓶是盛装永久性气体、液化气体或溶解气体的压力容器，（　　）是识别瓶内气体种类重要的特征。
A. 压力　　　　B. 温度　　　　C. 颜色　　　　D. 形状

3. 装有氢气的气瓶外表颜色是（　　）。
A. 淡绿　　　　B. 天蓝　　　　C. 黑　　　　　D. 铝白

4. 乙炔气瓶应与明火有（　　）m 以上距离，与氧气瓶不得放在同一室内。
A. 10　　　　　B. 12　　　　　C. 15　　　　　D. 20

5. 电热套是用调压变压器控制温度的，最高温度可达（　　）左右，是有机实验室中常用的一种简便、安全的加热装置。
A. 200℃　　　　B. 400℃　　　　C. 600℃　　　　D. 1000℃

6. 化学实验室配电导线以采用（　　）线较合适。
A. 银芯　　　　B. 铝芯　　　　C. 锌芯　　　　D. 铜芯

7. 对于已投入使用的气瓶应定期检验，从出厂之日起每（　　）年检验一次，使用超过（　　）年的强制报废。
A. 4，15　　　B. 3，10　　　C. 2，15　　　D. 1，10

8. 马弗炉不得连续使用（　　）小时以上。
A. 12　　　　　B. 10　　　　　C. 8　　　　　　D. 4

9. 当加热温度在100~200℃时，宜使用油浴，优点是反应物受热均匀，反应物的温度一般低于油浴温度（　　）左右。
A. 20℃　　　　B. 15℃　　　　C. 10℃　　　　D. 5℃

10. 以下加热油浴的温度由低到高的顺序是（　　）。
A. 甘油　植物油　石蜡油　硅油　　B. 硅油　甘油　石蜡油　植物油
C. 甘油　植物油　硅油　石蜡油　　D. 甘油　石蜡油　植物油　硅油

（三）多选题

1. 实验室使用旋转蒸发仪时正确的操作是（　　）。
A. 使用时可以边旋转边抽真空，旋转后再开冷凝水
B. 停止时，应先停旋转，右手扶蒸馏烧瓶，通气，待真空度下降再停真空泵，以防蒸

馏烧瓶脱落和真空泵中的水倒吸

  C. 水浴锅通电前必须加水，禁止无水干烧

  D. 若样品黏度大，应加快旋转速度，以便形成新的液面使溶剂蒸出

2. 关于氮气瓶的使用，以下说法正确的是（　　）。

  A. 氮气瓶的存放应远离火种、热源

  B. 发生火灾时应尽可能将氮气瓶从火场移到空旷处

  C. 气瓶发生泄漏时，应迅速撤离泄漏污染区人员至安全区

  D. 处理氮气泄漏时，由于氮气无毒、不燃，不需要注意现场通风

3. 高压设备包括（　　）。

  A. 气瓶　　　　B. 高压蒸汽灭菌锅　　　　C. 离心机　　　　D. 精馏塔

4. 存放可燃性或有毒气体钢瓶的地方应注意什么问题？（　　）

  A. 阴凉、干燥和通风　　　　　　　B. 现场安装泄漏报警设备

  C. 有防爆设施　　　　　　　　　　D. 密闭

  E. 直立且固定存放

5. 关于气瓶使用的一般要求正确的是（　　）。

  A. 气瓶应平躺横放

  B. 各种气体的减压阀不得互换，氧气和可燃性气体的减压阀不能互用

  C. 可燃性气体一定要有防止回火的装置

  D. 气瓶存放最好有专用的房间，若放在实验室，最好配有自动报警系统，并保持良好的通风

6. 为了提高离心机的使用性能及寿命，减少离心机的使用安全隐患，使用离心机时需要注意（　　）。

  A. 必须使用试管垫或在其套管底部垫上棉花

  B. 禁止使用老化、变形及劣质的离心试管

  C. 电动离心机在使用时如有噪声或机身振动，应立即切断电源，及时排除故障

  D. 离心过程快要结束时运转速度会减慢，此时可打开离心盖取出物品

7. 防爆灯和防爆开关按防爆结构形式分为（　　）五种主要类型。

  A. 隔爆型　　　　B. 正压型　　　　C. 负压型　　　　D. 增安型

  E. 无火花型　　　F. 粉尘防爆型

8. 软质玻璃承受温差的性能、硬度和耐腐蚀性都比较差但是透明度比较好，如（　　）属于软质玻璃。

  A. 量筒　　　　B. 烧杯　　　　C. 容量瓶　　　　D. 烧瓶

9. 导线搭落在触电人身上或压在身下，这时可用（　　）挑开导线，使之脱离电源。

  A. 干燥的木棍　　B. 毛巾　　　　C. 玻璃棒　　　　D. 干燥的竹竿

10. 使用钻床钻孔时，操作者的身体不要与主轴靠太近，应保持一定的距离，其目的是（　　）。

  A. 避免切屑飞入眼睛　　　　　　　B. 避免衣服被旋转钻头卷入

  C. 避免工件落下砸伤脚　　　　　　D. 避免头发被旋转钻头卷入

第六章
实验室废弃物的处理

一、实验室废弃物的分类及危害

(一) 实验室废弃物的分类

实验室废弃物是指实验过程中产生的三废（废气、废液、固体废物）物质、实验用剧毒物品、麻醉品、化学药品残留物、放射性废物、实验动物尸体、器官和病原微生物标本以及对环境有污染的废弃物等。

国家标准《实验室废弃化学品收集技术规范》（GB/T 31190—2014）中，按照来源和类型将实验室废弃物分为五类。

① 过期、失效或剩余的实验室废弃化学品。
② 实验过程中产生的废弃化学品。
③ 盛装过化学品的空容器。
④ 沾染化学品的实验耗材等废弃物。
⑤ 优先控制的实验室废弃化学品。

标准中单列出一类优先控制的实验室废弃化学品，是具有明显生物富集性，废弃后可能与接触的生物、环境相互作用而产生急性、慢性或长久危害的实验室废弃化学品。包括镉、铅、汞、三氯苯、四氯苯、三氯苯酚、溴苯醚、苊、苊烯、蒽、苯并芘、氧芴、二噁英/呋喃、硫丹、氟、七氯、环氧七氯、六氯苯、六氯丁二烯、六氯环己烷、六氯乙烷、甲氧氯、多环芳香类化合物、二甲戊乐灵、五氯苯、五氯硝基苯、五氯苯酚、菲、芘、氟乐灵、多氯联苯等。

其中实验过程中产生的废弃化学品，按其特性分为19类，详见表6-1。

(二) 实验室废弃物的危害

实验室废弃物与工业三废相比，数量较少，但其种类多、成分复杂、具有多重危险危害性，如燃、爆、腐蚀、毒害等。由于不便集中处理，实验室废弃物处理成本高、风险大。长

表 6-1 实验过程中产生的废弃化学品分类

序号	类别	序号	类别
1	无机浓酸溶液及其相关化合物	11	还原性水溶液及其相关化合物
2	无机浓碱溶液及其相关化合物	12	有毒重金属及其混合物
3	有机酸	13	毒性物质、除草剂、杀虫剂和致癌物质
4	有机碱	14	氰化物
5	可燃性非卤代有机溶剂及其相关化合物	15	石棉或含石棉的废弃化学品
6	可燃性卤代有机溶剂及其相关化合物	16	自燃物质
7	不燃非卤代有机溶剂及其相关化合物	17	遇水反应的物质
8	不燃卤代有机溶剂及其相关化合物	18	爆炸性物质
9	无机氧化剂及过氧化物	19	不明废弃化学品
10	有机氧化剂及过氧化物		—

期以来，实验室处理废弃物，除剧毒物质外，废液、废气等几乎都是稀释一下就自然排放了，对待固体废物则按生活垃圾处理。经过长时间的积累，这些废弃物会对周边的水环境、大气环境、土壤环境、生态环境和人体健康造成严重影响。因此，必须加强对实验室废弃物的管理，正确处置、处理实验废弃物。

我国颁布了多项法律法规，如：《中华人民共和国环境保护法》《中华人民共和国固体废物污染环境防治法》《中华人民共和国水污染防治法》《病原微生物实验室生物安全管理条例》《废弃危险化学品污染环境防治办法》（国家环境保护总局令第 27 号）等，从法律上、制度上保证和规范对实验室废弃物的管理。

1. 对人体健康的危害

实验室废弃物对人体健康的危害往往通过可燃性、腐蚀性、反应性、传染性、放射性、浸出毒性、急性毒性、生物富集性、刺激性、遗传变异性、水生生物毒性等其他毒性表现出来。

化学废弃物对人体的危害具体表现在以下几个方面。

① 过敏。皮肤过敏表现为皮炎、皮疹或水疱。环氧树脂、胺类硬化剂、偶氮染料、煤焦油衍生物和铬酸等会引起皮肤过敏。呼吸系统过敏包括对化学物质的过敏引起的职业性哮喘，症状通常是咳嗽、呼吸困难，引起这种反应的化学品有甲苯、聚氨酯、福尔马林等。

② 引起刺激。皮肤刺激会引起皮肤干燥、粗糙、疼痛、皮炎；眼睛刺激轻至轻微的、暂时性的不适，重至永久性的伤残。呼吸系统刺激会引起刺痛感、气管炎，甚至严重损害气管和肺组织，如二氧化硫、氯气、煤尘。若化学物质侵入肺泡，可引起强烈的刺激或导致肺水肿，表现为咳嗽、呼吸困难、缺氧以及痰多。例如二氧化氮、臭氧以及光气等。

③ 缺氧。单纯性窒息一般发生在空间有限的工作场所，缺氧严重时导致昏迷，甚至死亡。血液性窒息是由于化学物质直接影响机体传送氧的能力，典型的血液性窒息物质就是一氧化碳。细胞内窒息是由于化学物质直接影响机体和氧结合的能力，如氰化氢、硫化氢等。这些物质影响细胞和氧的结合能力，尽管血液中含氧充足。

④ 昏迷和麻醉。接触高浓度的某些化学品（如乙醇、丙醇、丙酮、丁酮、乙炔、烃类、

乙醚、异丙醚）会导致中枢神经抑制。

⑤ 中毒。如氰化物、三氧化二砷等毒性物质均会引起人体中毒。

⑥ 致癌。如砷、石棉、铬等物质可能导致肺癌，接触氯乙烯单体可能引起肝癌，接触苯可引起再生障碍性贫血，等等。

⑦ 致畸和致突变。化学物质可能干扰正常的细胞分裂过程，如麻醉性气体、水银和有机溶剂，从而导致胎儿畸形，某些化学品对遗传基因的影响可能导致后代发育异常。

⑧ 其他危害。如肺尘埃沉着病等。

2. 对环境的危害

实验室废弃物中的有害物质不仅能对人体健康造成危害，还会在土壤、水体、大气等自然环境中迁移、滞留、转化，污染土壤、水体、大气等人类赖以生存的生态环境。危险废物一旦进入土壤，特别是一些含有重金属的废弃物，将会导致土壤中重金属含量大幅超标，种植的作物重金属含量超标，部分废弃物会杀死土壤中的微生物，造成土壤肥力下降，生态破坏。危险废弃物如重金属一旦进入水体，极易污染土壤和水域中的鱼类，并最终危害人体健康，引发癌症等多种疾病，比如日本的汞污染引起的水俣病和镉污染引起的骨痛病。很多化学实验废气如果不经吸收或者前处理直接排入大气将会严重影响空气质量，造成大气污染，严重时可使人畜中毒。部分危险化学废物在堆放过程中会发生分解，产生有害气体，污染大气。还有一些危险化学品废物具有强烈的反应性和可燃性，极易引发火灾，造成难以挽回的损失。

案例：日本富川平原上有一条河流名叫神东川，一直以来，两岸人民用河水灌溉农田，万亩稻田飘香。自从三井矿业公司在神东川上游开设了炼锌厂后，就发现有草木死亡现象。1955年以后就流行一种怪病，对死者解剖发现全身多处骨折，最多的达73处，身长也缩短了30cm。这种起因不明的疾病就是骨痛病，患者骨骼严重畸形、剧痛、身长缩短、骨脆易折。直到1963年才查明骨痛病与三井矿业公司炼锌厂的废液有关。炼锌厂成年累月向神东川排放的废液中含有金属镉，农民引河水灌溉，便把废液中的镉转到土壤和稻谷中，两岸农民饮用含镉水，食用含镉米，金属镉在人体内积存，最终导致骨痛病。神东川骨痛病事件就是典型的含镉废液直接排放导致的环境污染。

二、实验室废弃物的一般处理原则和程序

（一）处理实验废弃物的原则

1. 区别对待、分类处置、严格管制危险废物和放射性废物

根据不同废物的危害程度与特性，区别对待，分类管理。对具有特别严重危害性质的危险废物，处置上应比一般废物更为严格并实行特殊控制。这样既能有效地控制主要危害，又

能降低处置费用。

2. 集中处置原则

《中华人民共和国固体废物污染环境防治法》把推行危险废物的集中处置作为防治危险废物污染的重要措施和原则。对危险废物实行集中处置，不仅可以节约人力、物力、财力，有利于监督管理，也是有效控制乃至消除危险废物污染危害的重要形式和主要技术手段。

3. 无害化处置原则

危险废物最终处置的基本原则，是合理地、最大限度地将危害废物与生物圈隔离，减少有毒有害物质进入环境的速度和总量，将其在长期处置过程中对人类和环境的影响降至最低。

（二）处理实验废弃物的一般程序

处理实验废弃物的一般程序如下。

1. 鉴别废弃物及其危害性

化学实验废弃物及其危害性的识别对实验室废弃物的收集、存放、处理、处置至关重要。了解实验废弃物的组成及危害性为正确处置这些废弃物提供了必需的信息。可按下面方法对实验废弃物进行鉴别。

（1）做好已知成分废弃物的标记

养成对实验废弃物的成分进行标记的习惯，不论废弃物的量是多少，在盛放废弃物的容器上标明其成分、可能具有的危害性及储存时间，这将为安全处置废弃物提供便利。

（2）鉴别、评估未知成分废弃物

对于不明成分的废弃物，可通过简单的实验测试其危害性。我国颁布了危险废物鉴别标准 GB 5085.1～GB 5085.7，分别规定了腐蚀性鉴别、急性毒性初筛、浸出毒性鉴别、易燃性鉴别、反应性鉴别、毒性物质含量鉴别和通则等的标准。对于其他危害性目前还没有制定相应的鉴定标准，鉴定时只能参考国外的有关标准。

2. 系统收集、储存化学实验废弃物

化学品废弃物收集和储存时的注意事项如下。

① 使用专门的储存装置，放置在指定地点。

② 相容的废弃物可以收集在一起，不具相容性的实验室废弃物应分别收集储存。切忌将不相容的废弃物放在一起。

③ 做好废弃物标签，将标签牢固贴在容器上。标签的内容应该包括：组分及含量、危害性、开始存储日期及储缓日期、地点、存储人姓名及电话。

④ 避免废弃物储存时间过长。一般不要超过 1 年。应及时做无害化处理或送专业部门处理。

⑤ 对感染性废物或有毒有害生物性废物，应根据其特性选择合适的容器和地点，专人分类收集进行消毒、烧毁处理，需日产日清。

⑥ 对无毒无害的生物性废物，不得随意丢弃，实验完成后将废弃物装入统一的塑料袋密封后贴上标签，存放在规定的容器和地点，定期集中深埋或焚烧处理。

⑦ 高危类剧毒品、放射性废物必须按相关管理要求单独管理储存，单独收集清运。

⑧ 回收使用的废弃物容器一定要清洗后再用，废弃不用的容器也需要作为废弃物处理。

3. 废弃物的再利用和减害处理

实验废弃物应先进行减害性预处理或回收利用，采取措施减小废弃物的体积、重量和危险程度，以降低后续处置的负荷。在这一过程中，一定要注意做好个人防护。

4. 正确处置废弃物

经过减害处理的废气可以排放到空气中；经过灭菌处理的生物、医学研究废物可按一般生活垃圾处理；减害处理后，重金属离子浓度和总有机碳（TOC）达到排放标准的不含有机氯的废液可直接排放至城市下水管网中；其他有害废物，如含氯的有机物、传染性物质、毒性物质、达不到排放标准的物质等，需要将这些废弃物交由合法的、有资质的专业废弃物处理机构处理。

焚烧是处理废弃物，尤其是有害废弃物的一种办法，但对废弃物的焚烧必须取得公共卫生机构和环卫部门的批准。焚烧废弃物时，应使用二级焚烧室，温度设置在1000℃以上，焚烧后的灰烬可作生活垃圾处理。

三、化学实验室废弃物的处理

化学实验室产生的固态废物包括合成产物、分析产物、过期或失效的化学试剂等。液态废物主要包括有机废液和无机废液，有机废液指油脂类、不含卤素有机溶剂、含卤素有机溶剂。其中由于含卤素的有机废液具有一定的毒性，往往和其他有机废液分开收集处理。无机废液指酸性废液、碱性废液、含氟废液、含氰废液、含汞废液、含铬废液、含重金属废液。气态废物包括试剂和样品的挥发物、使用仪器分析样品时产生的废气以及在实验过程中产生的有毒有害气体等。掌握各种形态废弃物的管理和处理方法非常重要。

（一）化学污染源的控制

① 为减少对环境的污染，实验室教学和科研活动中应采用无污染或少污染的新工艺、新设备，采用无毒无害或低毒低害的原材料，尽可能减少危险化学品的使用，以防止新污染源的产生。在进行实验时，可将常规量改为微量，既节约药品，减少废物生成，又安全。

② 实验室应定期清理多余试剂，按需购置化学试剂、药品，鼓励各实验室之间交换共享，尽可能减少试剂和药品的重复购置和闲置浪费现象。

③ 在保证安全的前提下，回收有机溶剂，浓缩废液使之减容，利用沉淀、中和、氧化还原、吸附、离子交换等方法对废弃物进行无害化或减害处理。

④ 使用易挥发化学品的实验操作必须在通风橱内进行。

（二）化学实验室废弃物的处置与管理

1. 一般废弃物

① 实验室的废弃化学试剂和实验产生的有毒有害废液、废物，严禁向下水口倾倒。

② 不可将废弃的化学试剂及沾染危险废物的实验器具放在楼道等公共场所。

③ 不得将危险废物（含沾染危险废物的实验用具）混入生活垃圾和其他非危险废物中。

④ 不含有毒有害成分的酸、碱、无机废液（如盐酸、氢氧化钠溶液等）可经适当中和、充分稀释后排放。

⑤ 提倡对废液进行安全无害的浓缩处理，提倡提纯回收有机溶剂再利用。

⑥ 接触危险废物的实验室器皿（包括损毁的玻璃器皿、空试剂瓶）、包装物等，必须完全消除危害后，才能改为他用或集中回收处理。

⑦ 不能处理的废弃物交给本单位相关管理人员，委托有资质的废弃物处理机构处置。

⑧ 禁止将废弃化学药品提供或委托给无许可证的单位进行收集、储存、处置等活动。

2. 管制类废弃物

① 废弃剧毒化学品应填写"废弃剧毒试剂登记表"，交给本单位相关管理人员及设备管理处，由专人负责与主管部门联系处理。

② 放射性废物是管制物品，储存和处置需遵守相关法规，不可擅自处理。

（三）收集和储存化学危险废物

1. 收集和储存对容器要求

① 装载危险废物的容器及材质要满足相应的强度要求。

② 装载危险废物的容器必须完好无损。

③ 盛装危险废物的容器材质和衬里要与危险废物相容，详见表 6-2。

表 6-2　不同危险废物种类与一般容器的化学相容性

废弃物	容器或衬垫材料							
	高密度聚乙烯	聚丙烯	聚氯乙烯	聚四氟乙烯	软碳钢	不锈钢		
						$OCr_{18}Ni_9$ (GB)	Mo_3Ti (GB)	$9Cr_{18}MoV$ (GB)
酸(非氧化)，如硼酸、盐酸	R	R	A	R	N	*	*	*

续表

废弃物	容器或衬垫材料							
	高密度聚乙烯	聚丙烯	聚氯乙烯	聚四氟乙烯	软碳钢	不锈钢		
						$OCr_{18}Ni_9$（GB）	Mo_3Ti（GB）	$9Cr_{18}MoV$（GB）
酸（氧化），如硝酸	R	N	N	R	N	R	R	*
碱	R	R	A	R	N	R	*	R
铬或非铬氧化剂	R	A*	A*	R	N	A	A	*
废氰化物	R	R	R	A*-N	N	N	N	N
卤化或非卤化溶剂	*	N	N	*	A*	A	A	A
金属盐酸溶液	R	A*	A*	R	A*	A*	A*	A*
金属淤泥	R	R	R	R	R	*	*	*
混合有机物	R	N	N	A	R	R	R	R
油腻废物	R	N	N	R	A*	R	R	R
有机淤泥	R	N	N	R	R	*	R	*
废漆油（源于溶剂）	R	N	N	R	R	R	R	R
酚及其衍生物	R	A*	A*	R	N	A*	A*	A*
聚合前驱物及产生的废物	R	N	N	*	R	*	*	*
皮革废物（铬鞣溶剂）	R	R	R	R	N	*	R	*
废催化剂	R	*	*	A*	A*	A*	A*	A*

注：① 可接受。

② N：不建议使用。

③ R：建议使用。

④ *：因变异性质，请参阅个别化学品的安全资料。

④ 液体危险废物可注入开孔直径不超过 70mm 并有放气孔的桶中。

2. 危险废物与容器的化学相容性

由表 6-2 可以看出，高密度聚乙烯材料的包装容器可盛装的危险废物种类较多。

（四）化学实验室废弃物减害化处理方法

1. 液体废物

化学实验室液体废物呈现的特点是量少、种类繁多、形态复杂，且具有不定时性，可分为无机废液和有机废液。有机废液包括含卤素有机溶剂（氯仿、氯苯等）、不含卤素有机溶剂（烷烃、芳香族等不含卤素）等；无机废液包括酸碱废液（含硫酸、硝酸、氢氧化钠等）、含汞废物、含重金属废液（含铅、镍等重金属废液）、含氟废液、含氰废液等。液体废物的处理方法主要有如下几种。

① 中和法：化学中和法是使废液发生酸碱中和反应，调节 pH 值至中性。

② 沉淀法：沉淀法是根据废液的性质，加入合适的沉淀剂，并控制温度、pH 值等条件，使化学危险废物生成溶解度很小的沉淀物或聚合物从废液中除去的方法。

③ 氧化法：氧化法是在处理废液中加入化学氧化剂，使有毒有害物质转化为无害或危害较小的物质。常用的氧化剂有臭氧和含氯化合物等。

④ 还原法：还原法利用重金属多价态的特点，在废液中加入合适的还原剂，使重金属转化为易分离除去的形式。常用的还原剂有铁屑、铜屑、硫酸亚铁、亚硫酸氢钠和硼氢化钠等。

⑤ 蒸馏法：蒸馏法是利用液体废物各组分的沸点，采用蒸馏或分馏将化学危险废物去除的方法。提纯后的溶液可以回收再利用。

2. 固体废物

实验室的固体废物处理技术涉及物理学、生物学、化学、机械工程等许多学科，依据原理的不同，主要处理技术可以分成如下几方面。

① 固体废物的预处理：一般包括固体废物的筛分、破碎、压缩、粉磨等程序。

② 物理法：通过利用固体废物及其物理化学性质，用合适的方法从其中分选或者分离出有用和有害的固体物质。常用的分选方法有：重力分选、电力分选、磁力分选、弹道分选、光电分选、浮选和摩擦分选等。

③ 化学法：通过让固体废物发生一系列的化学变化，进而可以转换成能够回收的有用物质或能源。常见的化学处理方法包括煅烧、焙烧、烧结、热分解、溶剂浸出、电离辐射、焚烧等。

④ 生物法：利用微生物的作用来处理固体废物。此方法的基本原理是利用微生物本身的生物-化学作用，使复杂的有机物分解成为简单的物质，使有毒的物质转化成为无毒的物质。常见的生物处理法有沼气发酵法和堆肥法。

⑤ 固体废物的最终处理：没有任何利用价值的有毒有害固体废物，需要进行最终处理。常见的最终处理的方法有焚化法和掩埋法，而且要深埋在远离人类聚居点的指定地点，并要对掩埋地点做好记录。

需要特别注意，遇水会剧烈反应的废弃物，如锂、钠、氢化钠、氨基钠、氢化钙、正丁基锂及硼烷等，如果处理不当，会引起火灾事故。绝对不能将它们随便扔进垃圾桶或者倒入水池下水道（即便是有极少量钠屑的滤纸也不能扔到垃圾桶中），要用适当方法先进行无害化处理，才能放入废液桶。并且一旦用完要及时处理，不可久置，因为一旦久置后由其他人来处理，他人在不知道试剂类型的情况下，极易产生危险。

3. 气体废物

由于实验室的废气具有量少且多变的特点，对于废气的处理就应满足两点要求：第一是要控制实验环境里的有害气体不得超过现行标准规定的空气中有害物质浓度；第二是要求控制排出的气体不得超过居民区大气中有害物质的最高容许浓度,实验室必须有通风、排毒装置,通过这些精确设计和改造实验的装置,使有毒有害气体在实验操作过程中被收集、消除、转化或回收。废气净化的方法很多,有吸收法、固体吸附法、回流法、燃烧法、颗粒物的捕集等。实际应用中要根据废气的性质,选择适当的净化方法。

下面介绍几种实验室废气处理的常用方法。

① 吸收法:采用合适的液体作为吸收剂来处理废气,达到除去其中有毒有害气体的目的。一般分为物理吸收和化学吸收两种。比较常见的吸收溶液有水、酸性溶液、碱性溶液、有机溶剂和氧化剂溶液。它们可以用于净化含有 SO_2、Cl_2、NO_x、H_2S、SiF_4、HF、NH_3、HCl、酸雾、汞蒸气、各种有机蒸气以及沥青烟等的废气。这些溶液在吸收完废气后又可以用于配制某些定性化学试剂的母液。

② 固体吸附法:先让废气与特定的固体吸收剂充分接触,通过固体吸收剂的表面吸附作用,使废气中含有的污染物质(或吸收质)被吸附从而达到分离的目的,此法适用于对废气中含有的低浓度污染物质的净化。例如,几乎所有常见的有机或无机气体,都可以选择将适量活性炭或者新制取的木炭粉放入有残留废气的容器中进行吸收;若要选择性吸收 H_2S、SO_2 及汞蒸气,就要用硅藻土;若要选择性吸收 NO_x、CS_2、H_2S、NH_3、C_mH_n、CCl_4 等,就要用到分子筛。

③ 回流法:对于易液化的气体,可以通过特定的装置使挥发的废气在通过装置时,在空气的冷却下液化为液体,再沿着长玻璃管的内壁回流到特定的反应装置中。如在制取溴苯时,可以在装置上连接一根足够长的玻璃管,使产生的溴化氢气体液化。

④ 燃烧法:通过燃烧的方法去除有毒有害气体。这是一种有效的处理有机气体的方法,尤其适合处理排量大且浓度比较低的苯类、酮类、醛类、醇类等各种有机废气。如对于 CO 尾气的处理、对 H_2S 的处理等,一般都会采用此法。

⑤ 颗粒物的捕集:在空气中去除或捕集那些以固态或液态的形式存在于空气中的颗粒污染物的过程一般称为除尘。除尘的工艺过程是先将含有微尘的气体引进具有一种或几种不同作用力的除尘器中,从而使颗粒物相对于运载气流产生一定的位移,达到从气流中分离的目的,然后颗粒物沉降到捕集器表面上被捕集。根据颗粒物的分离原理,除尘装置一般可以分为过滤式除尘器、机械式除尘器、湿式除尘器。此外,实验室在空气的净化方面也应该有所要求,主要表现在通风方面。因为实验室内的空气污染物的浓度一般要比室外同种物质的浓度高得多,通过合理的改善,可以使实验室的通风设备达到更高的工作效率,从而极大地降低实验室内的空气污染物浓度。采用局部通风还是全面通风,以及每次通风量的大小和通风形式,除了可以依据实验室的污染物发生源大小、污染物的种类以及排量的大小,还可以通过渗漏、强制机械通风、自然通风等调控完成。

(五) 常见化学实验室废弃物的减害处理方法

① 无机酸类:用过量含碳酸钠或氢氧化钙的水溶液或废碱液中和。
② 含氢氧化钠、氨水的废液:用盐酸溶液中和,稀释至 pH 值 6~8。
③ 含氟废液:加入消石灰乳(氢氧化钙浆)至碱性,放置过夜,过滤。

④ 含铬废液：先在酸性条件下加入硫酸亚铁将 Cr（Ⅵ）还原为 Cr（Ⅲ），再投入碱使其沉淀为 $Cr(OH)_3$，调节 pH 值至 10，使其生成低毒的氢氧化铬沉淀，分离沉淀后集中处理。

⑤ 含汞废液：可调节 pH 值至 6～10 后，加入过量硫化钠使其沉淀。

⑥ 含砷废液：加入氢氧化钙，控制废液 pH 值至 8 左右，使其转化为砷酸钙或亚砷酸钙盐沉淀，加入三氯化铁作为共沉淀剂，分离沉淀。

⑦ 含氰废液：含氰废液的处理方法很多，例如可采用氯氧化法、双氧水氧化法等破坏氰化物，也可使用铁盐沉淀法或多硫化物法将氰化物转化为低毒物。氯氧化法是使用较为普遍的一种方法。氧化反应分两步进行。

第一步是剧毒的氰化物被氧化成毒性相对较低的氰酸盐。反应的 pH 值是关键因素，必须在碱性条件下进行，pH＜8.5 时即有放出氯化氢的危险。一般选择 pH 值为 9.5～10.5，既满足第一步的要求，又满足金属离子形成氢氧化物的条件。

$$CN^- + ClO^- \longrightarrow CNO^- + Cl^-$$

第二步是氰酸盐被进一步氧化成 CO_2 和 N_2。

$$2CNO^- + 3ClO^- + H_2O = 2CO_2\uparrow + N_2\uparrow + 3Cl^- + 2OH^-$$

⑧ 含银废液：在废液中加入盐酸调节 pH 值为 1～2，得到氯化银白色沉淀，将得到的白色固体过滤回收。

⑨ 含铅废液：加入氢氧化钙，调节 pH 值至 10，使 Pb^{2+} 生成氢氧化铅沉淀，加入硫酸亚铁作为共沉淀剂，调节 pH 值至 7～8，过滤沉淀。

⑩ 含镉废液：向含镉废液中加入氢氧化钙，调节 pH 值至 10～11，加入硫酸亚铁作为共沉淀剂，分离沉淀。

⑪ 含多种重金属离子的废液，应将其转化为难溶于水的氢氧化物或硫化物沉淀除去。

⑫ 有机废溶剂：有机实验室用量最大的是有机溶剂，实验室废液也主要来源于有机溶剂。目前最环保的做法是实验室自行回收利用，有条件的实验室可以采用。回收提纯一般多采用蒸馏或分馏提纯的方法，通过此种方法回收提纯的溶剂基本可以再次使用。

⑬ 不含卤素的有机溶剂：易被生物分解的有机溶剂可稀释后直接排放，难分解的可送至专业机构焚烧，含有重金属的对其氧化分解后按无机类废液处理。

⑭ 含氮、硫、卤素类的有机溶剂：一般送至专业机构焚烧，焚烧时必须采取措施除去其燃烧产生的有害气体，难燃的物质则采取萃取、吸附及水解处理。

⑮ 含酚废液：低浓度含酚废液加入次氯酸钠溶液使酚氧化成二氧化碳和水，高浓度时加入氢氧化钠溶液进行萃取，调节 pH 值至酸性，蒸馏、提纯后可再使用。

⑯ 金属钠：将回收的金属钠皮放入圆底烧瓶中，瓶内放入溶剂（液体石蜡或甲苯），加热回流，金属钠完全熔融后，停止加热。将圆底烧瓶中的熔融金属钠和溶剂趁热倒入蒸发皿中，使之自然冷却。待金属钠凝固后，倾去溶剂，用切钠刀将固化的金属钠切成块状放入装有煤油或石蜡的试剂瓶中保存。

四、生物安全实验室废弃物的处理

生物安全实验室废弃物主要是指病原微生物操作产生的废弃物。病原微生物操作产生的废弃物的处理应遵循根据我国《中华人民共和国传染病防治法》和《中华人民共和国固体废物污染环境防治法》所制定的《医疗废物管理条例》。生物安全实验室应当制定规章制度和应急方案，及时检查、督促、落实废弃物的管理工作。废弃物收集、运送、储存、处置等环节的相关工作人员和管理人员，应进行相关法律和专业技术、安全防护以及紧急处理等知识的培训，并配备必要的防护用品，定期进行健康检查及免疫接种。

应执行废弃物转移联单管理制度。对废弃物的来源、种类、重量或者数量、交接时间、处置方法、最终去向以及经办人等项目予以登记。登记资料至少保存3年。发生医疗废物流失、泄漏、扩散时，医疗卫生机构和医疗废物集中处置单位应当采取减少危害的紧急处理措施，对致病人员提供医疗救护和现场救援；同时向所在地的卫生行政主管部门、环境保护行政主管部门报告，并向可能受到危害的单位和居民通报。

禁止转让、买卖医疗废物。禁止在非储存地点倾倒、堆放医疗废物或将其混入其他废物和生活垃圾中。禁止邮寄，禁止在饮用水源保护区的水体上、铁路、航空运输，禁止将医疗废物与旅客在同一运输工具上载运。

病原体的培养基、标本和菌种、毒种保存液属于《医疗废物管理条例》中的高危险废物，应当就地消毒。排泄物严格消毒后，方可排入污水处理系统。使用后的一次性医疗器具和容易致人损伤的医疗废物，应当消毒并做毁形处理。能够焚烧的医疗废物，应当及时焚烧；不能焚烧的，消毒后集中填埋。

违反相关规定者，将依据情节严重程度而进行行政处罚，直至承担相应的民事或刑事责任。

（一）生物安全实验室废弃物处理的原则

生物安全实验室废弃物是指将要丢弃的所有物品。这些废弃物需要进行分类处理。生物安全实验室废弃物处理的原则是所有感染性材料必须在实验室内清除污染、高压灭菌或焚烧。

① 实验人员完成实验后将废物进行分类处理；
② 实验人员将感染性废物进行有效消毒或灭菌处理或焚烧处理；
③ 实验人员将未清除污染的废弃物进行包裹后存放到指定位置，以便进行后续处理；
④ 感染性废物处理过程中避免人员受到伤害或环境被破坏。

生物安全实验室废弃物清除污染的首选方法是将废弃物装在特定容器中进行高压蒸汽灭菌，也可采用其他替代方法。装污染物的容器可以是根据内容物是否需要进行高压蒸汽灭菌或焚烧采用不同颜色标记的可以高压灭菌的塑料袋。

（二）生物安全实验室废弃物的处理和丢弃程序

1. 鉴别并分别进行处理

废弃物可以分成以下几类。
① 可重复使用的非污染性物品；
② 污染性锐器——注射针头、手术刀、刀及碎玻璃，这些废弃物应收集在带盖的不易刺破的容器内，并按感染性物质处理；
③ 通过高压灭菌和清洗清除污染后重复或再使用的污染材料；
④ 高压灭菌后丢弃的污染材料；
⑤ 直接焚烧的污染材料。

2. 不同种类的废弃物的处理程序

这里主要对生物实验室特有的废弃物进行介绍，关于化学实验室废弃物和放射性废弃物的管理详见本章相关部分的介绍。

① 生物活性实验材料：实验废弃的生物活性实验材料特别是细胞和微生物（细菌、真菌和病毒等）必须及时灭活和消毒。

② 固体培养基等要采用高压灭菌处理，未经有效处理的固体废物不能作为日常垃圾处置。

③ 液体废物如细菌等需用15％次氯酸钠溶液消毒30min，稀释后排放，最大限度地减轻其对周围环境的影响。

④ 动物尸体或被解剖的动物器官需及时进行妥善处置，禁止随意丢弃动物尸体与器官。无论在动物房还是在实验室，凡废弃的实验动物或器官必须按要求消毒，并用专用塑料袋密封后冷冻储存，统一送有关部门集中焚烧处理。严禁随意堆放动物排泄物，与动物有关的垃圾必须存放在指定的塑料垃圾袋内，并及时用过氧乙酸消毒，消毒处理后方可运出。

⑤ 实验器械与耗材：吸头、吸管、离心管、注射器、手套及包装等塑料制品应使用特制的耐高压超薄塑料容器收集，定期灭菌后，回收处理。

⑥ 废弃的玻璃制品和金属物品应使用专用容器分类收集，统一回收处理。

⑦ 注射针头用过后不应重复使用，应放于盛放锐器的一次性容器内焚烧，如有需要可先高压灭菌。盛放锐器的容器不能装得过满。当达到容量的四分之三时，应将其放入"感染性废物"的容器中进行焚烧，也可先进行高压灭菌处理。

⑧ 高压灭菌后重复使用的污染（有潜在感染性）材料必须在高压灭菌或消毒后进行清洗，才可重复使用。

⑨ 应在每个工作台上放置盛放废弃物的容器、盘子或广口瓶，最好是不易破碎的容器（如塑料制品）。当使用消毒剂时，应使废弃物充分接触消毒剂（即不能有气泡阻隔），并根据所使用消毒剂保持适当接触时间。盛放废弃物的容器在重新使用前应高压灭菌并清洗。

（三）可高压处理的物品分类及高压处理前的准备

1. 可高压处理的物品分类

可以用来高压处理的物品包括：感染性的标本和培养物，培养皿和相关的材料，需要丢弃的活的疫苗，污染的固体物品（移液管、毛巾等）。

不能用来高压处理的物品有：化学性和放射性废物，某些外科手术器械、锐器，等等。

2. 高压处理前的准备

① 必须使用特定的耐高压包装袋。
② 包装袋不能装得过满。
③ 能够重复使用的物品高压处理时需要和液体物品分开放置。
④ 如果袋子外面被污染，需要用双层袋子。
⑤ 所有的有生物材料的长颈瓶需要用铝箔进行封口。
⑥ 所有的物品均需要有标签。
⑦ 最好是由专人负责高压锅的使用，使用人使用前必须做到以下几点：a. 学会如何正确开关机；b. 做好个人防护；c. 能够正确区分物品是否可以高压处理并确认包装是否正确；d. 进行超过50L的高压操作时，操作人员要有高压锅操作岗位证书。

五、放射性污染与放射性废物的处理

（一）放射性污染的处理

在放射性物质生产和使用的过程中，时常会发生人体表面和其他物体表面受到污染的现象，不但影响操作者的健康，也会污染周围的环境。一般的轻微污染，即放射毒性较低、污染量较小的事件，在一定的时间和条件支持下，可以进行相应的清洗，清洗污染越早进行效果越好。如果污染较为严重，特别是有人员损伤时，应属于放射性事故，应参照放射性事故应急处理程序进行处置。

常规轻微的放射性污染清理处置的方法如下。

① 工作室表面污染后，应根据表面材料的性质及污染情况，选用适当的清洗方法。一般先用水及去污粉或肥皂刷洗，若污染严重则考虑用稀盐酸或柠檬酸溶液冲洗，或刮去表面或更换材料。

② 手和皮肤受到污染时，要立即用肥皂、洗涤剂、高锰酸钾、柠檬酸等清洗，也可用1％二乙胺四乙酸钙和水混合（体积比为12：88）后擦洗；头发如有污染也应用温水加肥皂清洗。不宜用有机溶剂及较浓的酸清洗，若这样做会促使污染物进入体内。

③ 对于吸入放射性核素的人，可用 0.25% 肾上腺素喷射上呼吸道或用 1% 麻黄素滴鼻使血管收缩，然后用大量生理盐水洗鼻、漱口，也可用祛痰剂（氯化铵、碘化钾）排痰，眼睛、鼻孔、耳朵也要用生理盐水冲洗。

④ 清除工作服上的污染时，如果污染不严重，及时用普通方法清洗即可；污染严重时，不宜用手洗，要用高效洗涤剂清洗，如用草酸和磷酸钠的混合液。如果一时找不到这些洗涤剂，可将受污染的衣物先封存在一个大塑料袋内，以避免大面积污染。

⑤ 有些污染不适合使用上述方法清洗，应咨询专家，具体分析污染内容后再做处理。

（二）放射性废物的管理与处置

放射性废物是指含有放射性核素或被放射性污染，活度和浓度大于国家规定的清洁控制水平，并预计不可再利用的物质。生产研究和使用放射性物质以及其处理、整备（固化包装）、退役等过程都会产生放射性废物。

现在还没有有效的方法将放射性废物中的放射性物质破坏，以使其放射性消失。目前只是利用放射性自然衰减的特性，采用在较长的时间内将其封闭，使放射强度逐渐减小的方法，达到消除放射污染的目的。

1. 放射性废物的储存

实验室应有存放放射性废物的专用容器，并应防止泄漏或沾污，存放地点应可以有效屏蔽防止外照射。放射性废物的存放应与其他废物分开，不可将任何放射性废物投入非放射性垃圾桶或下水道。

放射性废物的储存要防止丢失，包装应完整易于存取，包装上一定要标明放射性废物的核素名称、活度、其他有害成分以及使用者和日期。应经常对存放地点进行检查和监测，防止泄漏事故的发生。

放射性废物在实验室临时存放的时间不要过长，应按照主管部门的要求送往专门储存和处理放射性废物的单位进行处置。

2. 放射性废物的处理

放射性废物处理的目的是降低废物的放射性水平和危害，减小废物处理的体积。在实际放射性工作中，应合理设计实验流程，合理使用放射性设备、试剂和材料，尽量做到回收再利用，尽量减少放射性废物的产生量。优化设计废物处理，防止处理过程中的二次污染。放射性废物要按类别和等级分别处理，从而便于储存和进一步深化处理。

（1）放射性液体废物的处理

① 稀释排放。符合我国放射防护规定中规定浓度的废水，可以采用稀释排放的方法直接排放，否则应经专门净化处理。

② 浓缩储存。半衰期较短的放射性废液可直接在专门容器中封装储存，经一段时间，待其放射强度降低后，可稀释排放。半衰期长或放射强度高的废液，可使用浓缩后储存的方法。通过沉淀法、离子交换法和蒸发法等浓缩手段，将放射物质浓集到较小的体积，再用专

门容器储存或经固化处理后深埋或储存于地下,使其自然衰变。

③ 回收利用。在放射性废液中常含有许多有用物质,因此应尽可能回收利用。这样做既不浪费资源,又可减少污染物的排放。可以通过循环使用废水,回收废液中的某些放射性物质,并在工业、医疗、科研等领域进行回收利用。

(2) 放射性固体废物的处理

可燃性固体废物可通过高温焚烧大幅度减容,同时使放射性物质聚集在灰烬中。焚烧后的灰烬可密封在金属容器中,也可进行固化处理。采用焚烧方式处理,需要有良好的废气净化系统,因而费用高昂。无回收价值的金属制品,还可在感应炉中熔化,使放射性被固封在金属块内。

经压缩、焚烧减容后的放射性固体废物可封装在专门的容器中,或固化在沥青、水泥、玻璃中,然后将其埋藏在地下或储存于设于地下的混凝土结构的安全储存库中。

(3) 放射性气体废物的处理

低放射性废气,特别是含有半衰期短的放射物质的低放射性废气,一般可以通过高烟囱直接稀释排放。

含有粉尘或含有半衰期长的放射性物质的废气,则需经过一定的处理,如用高效过滤的方法除去粉尘,碱液吸收去除放射性碘,用活性炭吸附碘、氪、氙等。经处理后的气体,仍需通过高烟囱稀释排放。

六、练 习 题

(一) 判断题

1. 化学实验室必须建立废液回收点,实行废液分类回收,保存地点也要有废液存放的标志。( )

2. 废弃物混合前需要做废液相容性试验,不能确定特性的废弃物不能混装。( )

3. 失效的化学药品通常不具有危险性,可自行处置或与生活垃圾一起处理。( )

4. 产生危险废物的单位,应当按照国家有关规定制定危险废物管理计划;建立危险废物管理台账,并向所在地生态环境主管部门申报。( )

5. 从事处置危险废物经营活动的单位,应当按照国家有关规定申请取得许可证。禁止将危险废物提供或者委托给无许可证的单位处置。( )

6. 在有机废液中,由于含卤素的有机废液具有一定的毒性,往往和其他有机废液分开收集处理。( )

7. 危险废物是指列入国家危险废物名录或者根据国家规定的危险废物鉴别标准和鉴别方法认定的具有危险特性的废物,具有毒性、腐蚀性、易燃性、爆炸性、反应性或感染性等特性。( )

8. 危险废物可通过摄入、吸入、皮肤吸收、眼接触而引起毒害,还会造成因重复接触

导致的长期中毒、致癌、致畸、致突变等长期危害。（　　）

9. 实验室产生的废液如果危险性和毒害性不是很大，可以排放到远离居民住宅区并且空旷的地方。（　　）

10. 实验室危险废物的危害主要是对人体健康的危害，对环境的危害不大，因为自然界存在大量微生物，可以快速地分解代谢这些废弃物。（　　）

11. 根据废弃物的危害程度与特性，区别对待，分类管理。危害性极大的危险废物，处置上应比一般废物更为严格并实行特殊控制。（　　）

12. 收集实验室危险废物时，应该把浓硫酸、磺酸、羟基酸、聚磷酸等酸类与其他的酸混合收集，然后集中处理。（　　）

13. 有毒化学品可以通过皮肤吸收、消化道吸收及呼吸道吸收三种方式对人体健康产生危害。（　　）

14. 硫醇、胺等会发出臭味的废液和会产生氰和磷化氢等有毒气体的废液，以及易燃性大的二硫化碳、乙醚之类的废液，要加以适当的前处理，防止泄漏，尽快处理。（　　）

15. 分解氰基时加入次氯酸钠进行处理，会产生游离氯，用硫化物沉淀法处理废液会生成水溶性的硫化物，这类处理方式产生的废水已经基本无害，可以直接排放。（　　）

16. 处理废液时，为了节约处理所用的药品，可将废铬酸混合液用于分解有机物，将废酸和废碱互相中和。（　　）

17. 实验室产生的废液包括一般洗涤废水和化学实验废液，一般洗涤废水不能进行多次重复利用，重复利用存在安全隐患。（　　）

18. 硫化物沉淀法一般是采用 Na_2S 或者 $NaHS$ 把废弃液中的一些重金属转化为难溶于水的金属硫化物，随后与 $Fe(OH)_3$ 共同沉淀而使其分离。（　　）

19. 活性炭吸附法通常用于去除生物法、物理法、化学法都不能去除的微量并且呈溶解状态的有机物。（　　）

20. 实验室废液的净化方法一般可分为物理法、化学法、物理化学法、生物化学法四类，一般只能独立使用一种方法，不能联合使用，否则成本太高，效果也不好。（　　）

21. 危险性小且毒性小的废液保存地点不需要设立废液存放标志。（　　）

22. 实验室里的有机废液通常含有大量的实验残液和废弃溶剂，其主要成分是烷烃类、芳香类或表面活性剂，而且废液的浓度很高，非常适合用絮凝沉淀法进行处理。（　　）

23. 有机物一般会具有非常好的可燃性，因此对于这些有机溶剂、有机残液或废料液等通常采取焚烧法进行处理。（　　）

24. 乳浊液、酯类的废液不能用焚烧法处理，而是要用生物化学处理法处理。（　　）

25. 生物化学处理法适用于高浓度有机废液的初步处理，一般是让微生物利用污染物质作为营养物质进行生长，使废液中呈现溶解或胶体状态的有机污染物转化成为无害的污染物，从而使废液得到净化。（　　）

26. 吸收法是废气处理的方法之一，处理时常见的吸收溶液有水、酸性溶液、碱性溶液和氧化剂溶液，有机溶液不能用作吸收剂，否则会增加污染物处理量。（　　）

27. 吸收法可用来处理含有 SO_2、Cl_2、NO_x、H_2S、NH_3、各种有机蒸气以及沥青烟等的废气。（　　）

28. 固体废物常见的最终处理的方法有焚化法和掩埋法。（　　）

29. 固体废物只要深埋在远离人类聚居点的指定地点，掩埋之前就不需要进行无害化处理，但必须对掩埋地点做记录。（　　）

30. 金属钠不可随意扔进垃圾桶或者倒入水池下水道，沾有钠屑的滤纸也不能扔到垃圾桶中。（　　）

（二）单选题

1. 实验过程中产生的废液，下列处理方式哪个是正确的？（　　）
   A. 所有废液可全部倒入同一个废液收集瓶里
   B. 实验中的废液必须按要求统一回收和处置
   C. 用水稀释后倒入下水道
   D. 直接排入下水道

2. 关于危险废物，下列描述错误的是（　　）。
   A. 国家危险废物名录应当动态调整
   B. 危险废物的容器、储存设施和场所，应当设置危险废物识别标志
   C. 禁止将危险废物混入非危险废物中储存
   D. 跨省转移危险废物，经移出省的生态环境主管部门同意即可

3. 含氰废液无害化处理通常采取（　　）。
   A. 中和法　　B. 碱性氧化法　　C. 沉淀法　　D. 以上都可以

4. 含铬废液无害化处理通常采取以下（　　）方法来处理。
   A. 还原沉淀法　B. 中和法　　C. 碱性氯化法　D. 氧化法

5. 含砷废液无害化处理通常采取（　　）。
   A. 沉淀法　　B. 中和法　　C. 氧化法　　D. 以上都可以

6. 下列哪种盛装危险废物的容器材质与危险废物种类相容的通用性最好。（　　）
   A. 不锈钢　　B. 聚丙烯　　C. 高密度聚乙烯　D. 软碳钢

7. 危险化学品的毒害包括（　　）。
   A. 皮肤腐蚀性和刺激性
   B. 急性中毒致死，器官或呼吸系统损伤，生殖细胞突变性，致癌性
   C. 水环境危害性，放射性危害
   D. 以上都是

8. 含（　　）的废弃物会危害人体健康，引起水俣病。
   A. 汞　　　　B. 镉　　　　C. 铅　　　　D. 砷

9. 含（　　）的废弃物会危害人体健康，在日本曾引发骨痛病。
   A. 钡　　　　B. 镉　　　　C. 铅　　　　D. 锰

10. 含有（　　）的废液不能与有机物混合。
    A. 酸　　　　B. 碱　　　　C. 过氧化物　　D. 氰化物

11. 含有（　　）的废液不能与碱混合。

A. 铵盐、挥发性胺 B. 羟基酸
C. 次氯酸盐 D. 酸

12. 实验室废液的净化方法一般可分为物理法、化学法、物理化学法、生物化学法四类，下列属于物理法的是（   ）。

A. 离心分离法　B. 离子交换法　　C. 生物膜法　　　D. 反渗透法

13. 下列（   ）可以作为絮凝沉淀法的絮凝剂。

A. 石灰　　　　B. 铁盐　　　　C. 铝盐　　　　D. 以上三个都可以

14. 采用氧化还原中和沉淀法处理含有六价铬的废液时，需先将六价铬还原成三价铬，pH 值必须控制在（   ）。

A. <3　　　　B. <7　　　　C. >7　　　　D. >10

15. 絮凝沉淀法通过选择合适的絮凝剂，让其在（   ）条件下形成含有 $Fe(OH)_3$ 和 $Al(OH)_3$ 成分的絮凝状沉淀，此絮凝沉淀物既可以去除废液中的重金属离子，还可以除去废液中的部分其他有机污染物。

A. 中性　　　　B. 弱酸性　　　　C. 弱碱性　　　　D. 强碱性

16. 氧化还原中和沉淀法处理含有氰根离子的废液时，一般要先在（   ）条件下使用氧化剂，将其氧化成 N_2 和 CO_2。通常的方法有氯碱法、普鲁士蓝法、臭氧氧化法、电解氧化法及铁屑内电解法等。

A. 酸性　　　　B. 碱性　　　　C. 中性　　　　D. 没有要求

17. 焚烧法处理有机废液指的就是在高温的条件下对有机物进行氧化分解，促使其生成水、CO_2 等对环境无害的产物，然后将这些产物排入大气中，此时 COD 的去除率通常可以达到（   ）及以上。

A. 50%　　　　B. 70%　　　　C. 80%　　　　D. 99%

18. 固体吸附法采用特定的固体吸收剂吸附污染物质从而达到分离的目的，要选择性吸收 H_2S、SO_2 及汞蒸气等废气，最好使用（   ）作为固体吸收剂。

A. 活性炭　　　B. 硅藻土　　　C. 分子筛　　　D. 以上都可以

19. 采用固体吸附法除去废气时，要选择性吸收 NO_x、CS_2、H_2S、NH_3 等气体，最好使用（   ）作为固体吸收剂。

A. 活性炭　　　B. 硅藻土　　　C. 分子筛　　　D. 以上都可以

20. 氯气、液溴、二氧化硫等废气，可用（   ）溶液吸收，中和后倒入落地通风柜内相应的废液桶。

A. HCl　　　　B. NaOH　　　　C. 水　　　　D. 四氢呋喃

21. 处理含有硫化氢、硫醇、硫酚等的废液时，可用（   ）氧化处理后，倒入落地通风柜内相应的废液桶。

A. NaClO　　　B. NaOH　　　C. H_2SO_4　　　D. 重铬酸钾

22. 硫化物沉淀法主要是针对组成成分中含有较多（   ）的废液。

A. 芳香类有机物　　　　　　　B. 汞、铅、镉等重金属
C. 氰根离子　　　　　　　　　D. 六价铬离子

23. 絮凝沉淀法主要适用于含有较多（   ）的无机废液。

A. 硫酸根离子　　B. 氰根离子　　　　C. 六价铬离子　　D. 重金属离子

24. 废铬酸洗液可用高锰酸钾氧化后进行重复使用，低浓度含铬废液可加入（　　）还原成三价铬，再加碱生成低毒的氢氧化铬并集中处理。

A. 氯气　　　　B. $FeCl_3$　　　　C. 铁屑　　　　D. 过氧化氢

25. 处理含有硫酸二甲酯的废液时，要在搅拌下，将废液滴加到（　　）中，中和后倒入落地通风柜内相应的废液桶内。

A. 稀盐酸　　　　　　　　　　B. 稀 NaOH 溶液或氨水
C. $BaCl_2$ 溶液　　　　　　　D. 饱和 NaCl 溶液

（三）多选题

1. 对人的眼和呼吸道黏膜有刺激作用的有毒气体包括（　　）。
A. 氯气　　　　B. 氨气　　　　C. 二氧化硫　　　D. 一氧化碳

2. 造成人体缺氧的窒息性气体中，既能引发疾病，又会引发火灾等危险事故的气体有（　　）。
A. 氯气　　　　B. 硫化氢　　　　C. 甲烷　　　　D. 一氧化碳

3. 含有（　　）的废液不可以和酸混合。
A. 氰化物　　　B. 硫化物　　　C. 次氯酸盐　　　D. 重金属

4. 下列属于易爆炸废物的是（　　）。
A. 过氧化物　　B. 硝酸甘油　　C. 次氯酸盐　　　D. 氢氟酸

5. 高浓度有机废液的处理方法有（　　）。
A. 焚烧法　　　B. 氧化分解法　　C. 生物化学处理法　　D. 溶剂萃取法

6. 焚烧法处理有机废液时需考虑的因素有（　　）。
A. 防止燃烧不完全产生新的毒性物质或燃烧产生的毒气逸出
B. 注意燃烧是否完全
C. 注意燃烧的温度、燃烧区域的停留时间和物质的混合状况
D. 避免造成对环境的二次污染

7. 硫化物沉淀法主要是针对组成成分中含有较多（　　）的无机废液。
A. 钠　　　　　B. 汞　　　　　C. 铅　　　　　D. 镉

8. 对固体废物的预处理一般包括（　　）等程序。
A. 筛分　　　　B. 破碎　　　　C. 压缩　　　　D. 粉磨

9. 危险废物的最终安全处置，必须遵循（　　）的原则。
A. 区别对待，分类处置，严格管制危险废物和放射性废物
B. 集中处置
C. 无害化处置
D. 循环使用

10. 化学实验室废弃物具有（　　）的特性。
A. 量少、种类繁多　　　　　B. 毒性、腐蚀性
C. 形态多样、组成复杂　　　D. 不定时性

附　录

附录一　化学实验室安全守则

一、在实验室工作的所有人员都必须坚持安全第一、预防为主的原则，都应熟悉实验室安全制度和其他有关安全的规章制度，掌握消防安全知识、化学危险品安全知识和化学实验的安全操作规程。实验室安全负责人应定期进行安全教育和检查。实验课指导教师和研究生导师都有责任对学生进行实验前的安全教育，并要求学生遵守实验室的安全制度。

二、未经学院批准，实验室不得擅自安排院外人员做实验。新进实验室做实验的人员（含研究生、本科生、临时人员等）均须经过安全培训和考核。

三、实验人员应熟悉室内天然气、水、电的总开关所在位置及使用方法。遇到事故或停水、停电、停气，或用完水、电、气时，使用者必须及时关好相应的开关。

四、实验人员应熟悉安全设施（如灭火器、灭火毯、紧急洗眼器、急救药箱等）的位置及使用方法；灭火器使用后不可放回原处，使用者应及时报告院安全员或院办公室进行更换；应熟悉化学楼的疏散通道和自己所在位置的疏散方向。

五、进行具有危险性新实验的任何人员都必须事先制定缜密的操作规程并严格遵守，应熟悉所用试剂及反应产物的性质，对实验中可能出现的异常情况应有足够的防备措施（如防爆、防火、防溅、防中毒等）；进行具有危险性实验（如剧毒、易燃、易爆等）的过程中，房间内不应少于2人，操作者必须佩戴防护器具（防护镜、口罩、手套等）。

六、实验进行中操作者不得随意离开实验室，具有安全保障和仪器运行可靠的实验可短时间离开，但离开时必须委托他人暂时代管实验。

七、非工作需要不得在实验室过夜。学生因工作需要过夜时，必须将导师或实验室主任批准并签字的材料预先交门卫值班室备案，深夜做实验时应有2人或2人以上同在。

八、实验室不准穿拖鞋、凉鞋，禁止佩戴隐形眼镜，严禁吸烟、喝酒。

九、实验室化学试剂管理应按化学试剂管理规定执行。所有化学试剂及其溶液均不得敞口存放，均须保持清晰的标签。严禁往下水口、垃圾道倾倒有机溶剂和有毒、有害废物，有毒有害废液和废旧试剂须按规定进行收集和处理。

十、贵重金属、贵重试剂、剧毒试剂及放射性同位素，都应有专人负责保管。

十一、氢气瓶、乙炔瓶等危险钢瓶必须放在室外指定地点（钢瓶间或阳台），放在室内的钢瓶必须采用适当方式进行固定,应经常检查是否漏气,严格遵守使用钢瓶的操作规程。

十二、不得使用运行状态不正常(待修)的仪器设备进行实验,不得运行因震动或噪声对周围实验室造成干扰的设备,不得超负荷使用电源和器件(配电箱、插座、插销板、电源线等),不得使用老化或裸露的电线,不得擅自改接电源线,不得遮挡实验室的电闸箱、天然气阀门和给水阀门,不得擅自在实验室进行电焊或气焊。

十三、不宜将儿童带进化学楼,尤其不可带进化学实验室。若因儿童不慎而引起事故,其监护人应承担全部责任。

十四、最后离开实验室的人员,有责任检查水、电、气及窗户是否关好,锁好门再离开。

十五、实验室发生事故时应立即报告院办公室或门卫值班室,并尽快写出事故报告。学校视事故性质及损失情况对事故责任者予以批评、通报、罚款、行政处分直至依法追究责任。

十六、若发现严重安全隐患,院、系、所、中心负责人和实验室主任都有权要求某实验室(或学术小组)限期或停工整顿。学院定期对实验室进行安全检查,亦可指定1名安全员配合实验室主任开展安全管理工作。

十七、各系、所、中心应参照本守则建立本单位的实验室安全管理的具体守则或实施细则。各实验室应结合本室具体情况为学生提供安全须知或指南。

附录二 常用化学试剂及与之不相容化学品表

化学物质	与之不相容的化学品
乙酸	碳酸盐,铬酸,乙二醇,羟基化合物,硝酸,氧化物,氧化剂,高氯酸,高锰酸盐,三氯化磷,强碱
丙酮	溴,氯化物,三氯甲烷,浓硝酸和硫酸的混合物,氧化剂
乙腈	氯磺酸,锂,N-氟化物,硝化剂,氧化剂,高氯酸盐,硫酸
丙烯酰胺	酸,碱,氧化剂,含氨基、羟基和巯基的化合物
碱金属和碱土金属	二氧化碳,氯代烃类,卤素,水
氨(无水)	溴,次氯酸钙,氯,氢氟酸(无水),汞,银
硝酸铵	酸,氯酸盐,氯化物,有机或可燃物粉末,易燃液体,金属粉末,硫,锌
苯胺	过氧化氢,硝酸
硫酸钡	铝,磷
硼酸	乙酸酐,碱,碳酸盐,氢氧化物
溴	丙酮,乙炔,氨,苯,丁二烯,金属粉末,氢,甲烷,丙烷(及其他石油气体),碳化钠,松节油
氯	丙酮,乙炔,氨,苯,丁二烯,金属粉末,氢,甲烷,丙烷(及其他石油气体),碳化钠,松节油
碳酸钙	酸,氟
次氯酸钙	氨,碳
氧化钙	水

续表

化学物质	与之不相容的化学品
活性炭	次氯酸钙及所有氧化剂
四氯化碳	化学活性金属(钠、钾、镁等),金属粉末,氧化剂(如过氧化物、高锰酸盐、氯酸盐和硝酸盐)
盐酸	胺类,碳酸盐,氰化物,甲醛,氢氧化物,金属,金属氧化物,强碱,硫化物,亚硫酸盐
过氧化氢	乙酸,苯胺,铬,可燃物,铜,易燃液体,铁,大多数金属及其盐类,硝基甲烷,有机物
硫化氢	硝酸的烟气,氧化气体
碘	乙炔,氨(无水或水合的)
硝酸盐	可燃物,酯,磷,乙酸钠,氧化亚锡,水,锌粉
次氯酸盐	酸,活性炭
硝酸	酒精,碱金属,铝,胺类,黄铜,碳化物,紫铜,铜合金,镀锌铁,硫化氢,金属粉末,氧化剂,还原剂,强碱,有机物
亚硝酸盐	氰化钾,氰化钠,铵盐
草酸	酸性氯化物,碱金属,次氯酸钠,金属,氧化剂,银化合物,强碱
氧气	可燃物,易燃气体,易燃液体,易燃固体,油脂,氢,磷
苯酚(液态)	氯化铝,丁二烯,次氯酸钙,甲醛,卤素,异氰酸盐,矿物质氧化酸,氧化剂,硝基苯,亚硝酸钠
磷酸	乙醛,铵盐,氨基化合物,偶氮化合物,氯化物,氰化物,环氧化物,酯,卤代有机物,硝基甲烷,有机过氧化物,有机磷酸盐,苯酚,硫化物,不饱和卤化物,腐蚀剂,可燃物,爆炸物
碘化钾	溴合三氟化氯,重氮盐,高氯酸氟,氯化亚汞,金属盐,氯酸钾,酒石酸和其他酸类
硝酸钾	化学活性金属,三氯乙烯
高锰酸钾	乙醛,铵盐,乙二醇,金属粉末,过氧化物,强酸,亚砜
丙烷	氧化剂
硝酸银	乙醛,乙炔,酒精,炔,铝,胺类,氨,氯磺酸,杂酚油,铁盐,镁,还原剂,强碱
氯酸钠	酸,铵盐,可氧化物,硫
硫	氧化物
硫酸	碱,卤素,锂,乙炔基金属,有机物,氧化剂,氯酸钾,高氯酸钾,高锰酸钾,还原剂,钠和强氧化剂
酒石酸	银,银化合物
四氯乙烯	金属粉末,强酸,强碱(尤其是 NaOH 和 KOH),强氧化剂
三氟乙酸	碱,氧化剂,还原剂
尿素	次氯酸钙,五氯化磷,次氯酸钠,亚硝酸钠,强氧化剂,四氯化钛
水	酸性氯化物,碳化物,氰化物,三氯氧化磷,五氯化磷,三氯化磷,强还原剂
锌	酸,水
硝酸锌	氰化物,金属粉末,金属硫化物,有机物,磷,还原剂,氯化亚锡,硫
氧化锌	镁
氢氟酸(无水)	氨(无水或水合的)
过氧化物	酸(有机或无机的)
易燃液体	硝酸铵,溴,氯,铬酸,氟,卤素,过氧化氢,硝酸,过氧化钠

附录三　常见化学品中毒症状和急救方法

品名	主要症状	急救方法
强酸	吸入者出现呛咳（重者咳出血性泡沫痰）、胸闷、呼吸困难、青紫、喉头水肿，甚至窒息。皮肤接触致局部灼伤、疼痛、红肿、有水泡、坏死、溃疡，形成瘢痕。误服可致口腔、咽、食道、胃部烧伤、灼伤，可发生穿孔。后期可伴肝、肾、心脏损害	误服：强酸类误服中毒时，一般禁忌催吐和洗胃，以防止食道和胃壁损伤。应立即选服2.5%氧化镁溶液或石灰水上清液、氢氧化铝凝胶等。吸入：给氧，用2%～5%碳酸氢钠溶液雾化吸入。皮肤接触：可用大量清水冲洗或用4%碳酸氢钠溶液冲洗，用生理盐水洗净后，再按灼伤治疗
强碱	接触者主要表现为局部红肿、水泡、糜烂、溃疡等。吸入中毒症状主要是剧烈咳嗽、呼吸困难、喉头水肿、肺水肿，甚至窒息。误服后导致口腔、咽部、食道及胃烧灼痛、腹部绞痛、流涎、排出血性黏液粪便、口和咽处可见糜烂创面等	误服：切忌洗胃、催吐，口服弱酸如食醋、橘汁、柠檬汁、3%～5%醋酸等，然后服用生鸡蛋清加水、牛奶、植物油，保护消化道黏膜。皮肤接触：用大量流动水持续冲洗，清水冲洗后，可用3%硼酸溶液或2%醋酸溶液湿敷。如有烧伤按其指定要求处理
氢氟酸	吸入后迅速出现眼痛、流泪、流涕、喷嚏、鼻塞、嗅觉减退或丧失、声音嘶哑、支管炎、肺炎或肺气肿等。皮肤接触后会局部疼痛或灼伤、烧伤，严重时剧烈疼痛，皮损初起为红斑，迅速转为白色水肿，最后形成棕色或黑色焦痂	皮肤接触：立即用大量流水做长时间彻底清洗，用氢氟酸灼伤治疗液（20mL 5%氯化钙，20mL 2%利多卡因，5mg地塞米松）浸泡或湿敷。以冰硫酸镁饱和液浸泡。现场应用石灰水浸泡或湿敷。勿用氨水作中和剂。如有水泡形成，应做清创处理
氯磺酸	急性中毒：其蒸气对黏膜和呼吸道有明显刺激作用。主要临床表现有气短、咳嗽、胸痛、咽干痛、流泪、恶心、无力等。吸入高浓度该品可引起频繁剧烈咳嗽、化学性肺炎、肺水肿。皮肤接触氯磺酸液体可致重度灼伤	吸入：迅速脱离现场至空气新鲜处，注意保暖，保持呼吸道通畅，必要时进行人工呼吸。皮肤、眼睛接触：立即脱去污染的衣物，用流动清水冲洗。若有灼伤，按酸灼伤处理。误服：患者清醒时立即漱口、催吐、洗胃，给饮牛奶或蛋清保护胃黏膜
氨	急性中毒：可出现流泪、咽痛、声音嘶哑、咳嗽、痰带血丝、胸闷、呼吸困难，伴有头晕、头痛、恶心、呕吐、乏力、发绀、呼吸加快、肺部啰音等。严重者可发生肺水肿、呼吸窘迫综合征，甚至窒息	迅速脱离现场，转移至空气新鲜处，用大量清水冲洗眼睛和皮肤，保持呼吸道通畅，必要时适当给氧，也可吸入温水蒸气，及时去除口、鼻分泌物。如发现口腔咽喉溃烂，肺部严重损害症状和眼、皮肤灼伤，应尽快到附近医院救治
苯	急性中毒：主要对中枢神经系统产生麻醉作用，出现昏迷、意志模糊、兴奋和肌肉抽搐。高浓度的苯对皮肤有刺激作用。慢性中毒：神经系统受损，出现造血障碍，有鼻出血、牙龈和皮下出血等临床表现。可致癌和白血病	吸入：立即脱离现场至空气新鲜处，给氧。皮肤接触：用肥皂水和清水冲洗污染的皮肤。误服：洗胃，可给予葡糖醛酸，注意防治脑水肿，心搏未停者忌用肾上腺素。慢性中毒：脱离接触，对症处理。有再生障碍性贫血者，可给予少量多次输血及糖皮质激素治疗
苯酚	吸入可引起头痛、头昏、乏力、视物模糊、肺水肿等。误服可引起消化道灼伤，呼出气带酚气味，呕吐物或大便可带血，可发生胃肠道穿孔，并可出现休克、肝或肾损害。皮肤灼伤：创面初期为无痛性白色起皱，后形成褐色痂皮	误服：给服植物油催吐，后微温水洗胃，再服硫酸钠。消化道已有严重腐蚀时勿给予上述处理。皮肤接触：用50%酒精擦拭创面或用甘油、聚乙二醇或聚乙二醇和酒精混合液（7∶3）涂抹皮肤后，立即用大量流动清水冲洗，再用饱和硫酸钠溶液湿敷
乙醚	急性中毒：主要是呼吸道刺激症状、流涎、呕吐、面色苍白、体温下降、瞳孔散大、呼吸表浅而不规则，甚至呼吸突然停止，或出现脉速而弱、血压下降以至循环衰竭。有时伴有头昏、精神错乱、癔症样发作等症状	吸入：迅速移至空气新鲜处，给氧或给吸入含二氧化碳的氧气。有呼吸障碍时，酌吸中枢兴奋药，必要时进行人工呼吸。误服：口服或灌入适量蓖麻油，然后催吐，并用温开水洗胃，至无乙醚味为止。如有肺水肿等症状，速做相应处理

续表

品名	主要症状	急救方法
敌敌畏	轻者头晕、头痛、恶心呕吐、腹痛、腹泻、流口水,瞳孔缩小、看东西模糊、大量出汗、呼吸困难。严重者,全身有紧束感、胸部有压缩感、肌肉跳动、抽搐、昏迷、大小便失禁,脉搏和呼吸都减慢,最后均停止	误服:立即彻底洗胃,神志清楚者口服清水或2%小苏打水,接着用筷子刺激咽喉部,反复催吐。肌肉抽搐者可肌内注射少量安定,及时清理口鼻分泌物,保证呼吸道畅通。适量注射阿托品,或氯磷定与阿托品合用,药效有协同作用,可减少阿托品用量
叠氮(化)钠	急性中毒:主要出现头晕、长时间较剧烈头痛、全身无力、血压下降、心动过缓和昏迷。该品在有机合成中可有叠氮酸气体逸出,吸入中毒会出现眩晕、虚弱无力、视觉模糊、呼吸困难、昏厥感、血压降低、心动过缓等	吸入:迅速脱离现场至空气新鲜处,如呼吸困难,给氧;如呼吸停止,立即进行人工呼吸。误服:饮足量温水,催吐,洗胃。皮肤接触:脱去污染的衣物,用肥皂水和清水彻底冲洗皮肤。眼睛接触:提起眼睑,用流动清水或生理盐水冲洗
二氧化氮	轻度中毒:可有咽部不适、干咳、胸闷等呼吸道刺激症状及恶心、无力等。中度中毒:常在吸入后24h内上述症状加重,伴食欲减退、轻度胸痛、呼吸困难,体温可略升高。重度中毒:可见明显发绀、极度呼吸困难,常可危及生命	迅速脱离现场,转移至空气新鲜处,平卧安静、保暖,必要时给氧。可对症服用镇咳、镇静药物和支气管舒缓剂等。还可将2%碳酸氢钠溶液和地塞米松按2:1比例用氧气作动力雾化吸入。注意防止肺水肿,纠正电解质紊乱和酸中毒
氟乙酸	引起机体代谢障碍,以神经系统和心脏的混合型反应为主。先出现呕吐、过度流涎、上腹疼痛、精神恍惚、恐惧感、四肢麻木、肌肉颤动、视力障碍等,重者可因心脏骤停、抽搐发作时窒息或中枢性呼吸衰竭而死亡	迅速转移至空气新鲜处,呼吸困难时吸氧,进行心脏按压。患者清醒时立即漱口,大量饮水催吐,用1:5000高锰酸钾溶液洗胃,然后服蛋清、牛乳等液体保护胃黏膜。解毒药物可用甘油-醋酸酯(醋精)或乙酰胺(解氟灵),其对氟乙酸中毒有一定疗效
镉	日常生活中镉中毒主要是长时间食入镀镉容器里面的食品引起的。表现为恶心、呕吐、腹痛、腹泻等胃肠道刺激症状,严重者伴有眩晕、大汗、虚脱、上肢感觉迟钝,甚至出现抽搐、休克。慢性镉中毒主要损害肾功能	应迅速脱离现场至空气新鲜处,保持安静,卧床休息。误服镉化物应及时给予催吐、洗胃和导泻。重症者为预防肺水肿,宜早期、足量、短程应用糖皮质激素。驱镉治疗可选用依地酸二钠钙或巯基类络合剂,并随时观测肾功能指标以确定用量
汞	吸入高浓度汞蒸气后口中有金属味,呼出气体也有气味,头痛、头晕、恶心、呕吐、腹泻、全身疼痛、体温升高、牙齿松动、牙床及嘴唇有硫化汞的黑色、肾功能受损。皮肤接触后会出现红色斑丘疹,严重者出现剥脱性皮炎	吸入:应立即撤离现场,换至空气新鲜、通风良好处,有条件的还应全身淋浴和给氧吸入。驱汞治疗可用二巯丙磺酸钠肌内注射或二巯丁二钠静脉注射。如出现肾功能损伤,慎用驱汞治疗,应以治疗肾损害为主。误服少量金属汞时不必治疗,可由粪便排出
铊	强烈的神经毒物,对肝、肾有损害作用。急性中毒:数日后双下肢疼痛、过敏、明显脱发、视力减退、指甲和趾甲会出现白色横纹等。慢性中毒:早期头痛、头晕、恶心、呕吐、腹痛等,随后会出现急性中毒的部分症状	立即催吐、洗胃(可用1%碘化钠或碘化钾溶液,使之形成不溶性碘化铊)。随后口服活性炭0.5g/kg体重,以减少铊的吸收),导泻。然后要及时用普鲁士蓝,一般为每日250mg/kg体重,分4次,溶于50mL 15%甘露醇中口服。严重中毒者,可以使用血液净化疗法
铝	虽然铝的毒性不是很高,但摄入过量的铝对骨骼有损害,也会对大脑造成损伤。铝元素吸收多了,会积聚在肝、脾、肾等部位,会抑制消化道吸收磷,还会抑制胃蛋白酶的活性,妨碍人体的消化吸收功能	减少从食物中摄入铝,尽可能少地食用粉丝、油条以及用铝盐发酵粉制作的面食。减少通过铝制炊具进入人体的铝量。减少从药物中摄入铝,少用或不用含铝的抗酸剂。减少自来水内的含铝量,在沉淀水等环节少用含铝量多的物质
氯	吸入氯气后会迅速发病,很快出现眼和上呼吸道的刺激反应,流泪、喉管强烈的灼痛、咳嗽、胸闷、气急、呼吸紧迫,有时伴有恶心、呕吐、食欲不振、腹痛、腹胀等胃肠道反应和头晕、头痛、嗜睡等症状,严重者可造成致命性损害	立即将病人移离现场至空气清新处,脱去污染衣物,对染毒皮肤及时用大量流动清水冲洗。呼吸困难时充分给氧,保持呼吸道通畅,注意安静、保暖,避免活动,防止病情加重。眼、鼻污染时,可用2%碳酸氢钠溶液清洗并滴抗生素眼药水

续表

品名	主要症状	急救方法
溴	当浓度不大时,咳嗽、鼻出血、头晕、头痛,有时呕吐、泻肚、胸部有紧束感;当浓度大时,小舌呈褐色,口腔有黏液,呼出的空气有特殊的气味,眼睑水肿、咽喉水肿、伤风、剧咳、声音嘶哑、抽搐,还可伴有化学性肺炎或肺水肿	吸入:迅速脱离现场,转移至空气新鲜处,平卧、安静、保暖,必要时给氧,如呼吸道损害严重,可给舒喘灵气雾剂、喘乐宁或2%碳酸氢钠加地塞米松等雾化吸入。用稀碳酸氢钠溶液洗眼、嘴、鼻。皮肤灼伤:用1体积25%氨加1体积松节油加10体积乙醇清洗
甲醇	先后出现中枢神经系统症状和酸中毒,尤其以视神经、视网膜损害为主要特征。如头晕、步态不稳、意识障碍、视物模糊、眼前黑影、幻视、复视等。误服者上述症状及胃肠不适更为严重。另外,肝、肾也易受损害	吸入:应迅速撤离现场,移至空气新鲜处并保持呼吸道的通畅,必要时给氧。误服:在清醒时可催吐,用稀碳酸氢钠溶液洗胃,硫酸钠导泻以排出甲醇。酸中毒或视神经损害者要进行对症治疗。救治过程中应始终用软纱布遮盖双目以防光刺激
一氧化碳	轻度中毒:头痛、眩晕、恶心、呕吐等。中度中毒:除上述症状外,迅速发生意识障碍、全身软弱无力、瘫痪、意识不清,因症状逐渐加深而致死。重度中毒:迅速昏迷,很快出现呼吸停止而死亡。经抢救存活者可有严重并发症及后遗症	立即将病人转移至空气新鲜处,松解衣服,但要注意保暖。对呼吸心跳停止者立即进行人工呼吸和胸外心脏按压,并肌注呼吸兴奋剂、山梗菜碱或回苏灵等,同时给氧。昏迷者针刺人中、十宣、涌泉等穴
氯化钡	误服者先期头晕、耳鸣、气短、全身无力、口周麻木,继而恶心、呕吐、腹部疼痛、腹泻,数小时后出现周身麻木、四肢发凉、肌肉麻痹、肢体活动障碍、瞳孔反射受阻,偶尔会伴有体温升高、低血钾等症状。重者可因呼吸麻痹致死	误服:立即漱口,用温水或5%硫酸钠溶液洗胃,然后灌服少量硫酸钠,与胃肠内未被吸收的钡结合成难溶、无毒的硫酸钡排出。还要注意及时补充钾盐,这是治疗钡中毒的重要措施之一。皮肤接触:可用温清水冲洗后用10%葡萄糖酸钙湿敷
砒霜 (三氧化二砷)	急性中毒:多为急性口入中毒,症状为急性肠胃炎、胃肠道黏膜水肿和出血、休克、中毒性心肌炎、肝炎,以及抽搐、昏迷等神经系统损害症状,重者可致死。慢性中毒:主要表现为神经衰弱综合征、肝损害、鼻炎、支气管炎等	迅速离开现场,立即漱口,饮牛奶或蛋清催吐,尽快用生理盐水或1%碳酸氢钠溶液和温清水洗胃,然后用蛋白水(4只鸡蛋清加温开水1杯拌匀)、牛奶或活性炭进行吸附。解毒药物选用二巯基丙磺酸钠,其次是二巯基丁二酸钠。还要防治脱水、休克和电解质紊乱
五氧化二钒	对呼吸系统和皮肤有损害作用。急性中毒:可引起鼻、咽、肺部刺激症状,多数人有咽痒、干咳、胸闷、全身不适、倦怠等表现,部分患者可引起肾炎、肺炎。慢性中毒:长期接触可引起慢性支气管炎、肾损害、视力障碍等	吸入:迅速脱离现场至空气新鲜处,注意保暖,必要时进行人工呼吸。误服:给饮大量温水,催吐,大量维生素C与依地酸二钠钙联合使用可加速钒的排出。皮肤接触:脱去污染的衣物,立即用流动清水彻底冲洗。眼睛接触:立即提起眼睑,用流动清水冲洗
氰化钾	抑制呼吸酶。轻者可分为前驱区、呼吸困难区、痉挛区、麻痹区四个阶段,但无明显界线。主要表现为呼吸困难、乏力、头疼、口腔发麻、皮肤呈鲜红色、抽搐、昏迷、心律失常、血压下降、呼吸衰竭等,重者猝死	吸入:迅速转移至空气新鲜处,保证呼吸道畅通,呼吸困难者要给氧治疗,必要时要进行人工呼吸(勿口对口)或吸入亚硝酸异戊酯。皮肤接触:用肥皂水和清水清洗。误服:漱口、催吐,用1:5000高锰酸钾或5%硫代硫酸钠洗胃
重铬酸钠	致癌物。急性中毒:吸入后刺激呼吸道,导致哮喘、化学性肺炎。误服后刺激和腐蚀消化道,恶心、腹痛、腹泻、便血,重者出现呼吸困难、发绀、休克、肝损害及急性肾衰竭等。慢性中毒:皮炎、呼吸道炎症等	吸入:迅速转移至空气新鲜处,保持呼吸道畅通,呼吸困难时要给氧,必要时进行人工呼吸。误服:立即漱口,用清水或1%稀代硫酸钠溶液洗胃,饮用少量牛奶或蛋清,保护胃黏膜。皮肤接触:脱去污染的衣物,用肥皂水和清水彻底冲洗皮肤
三氯甲烷	急性中毒:出现头痛、头晕、恶心、呕吐、兴奋、皮肤湿热和黏膜刺激症状,之后呈现精神紊乱、呼吸表浅、反射消失、昏迷等症状。重者发生呼吸麻痹、心室纤维性颤动,同时可伴有肝、肾损害。可致癌	吸入:迅速移至空气新鲜处保温,吸入氧气或含有二氧化碳的氧气。静脉滴注高渗葡萄糖液以促进排泄,酌用其他电解质以纠正脱水及酸中毒。若少尿或无尿,可适当应用甘露醇。误服:可催吐并以温开水彻底洗胃。皮肤接触:迅速清洗,防止皮损

续表

品名	主要症状	急救方法
甲醛	吸入中毒轻者鼻、咽、喉部不适和有灼烧感，重者可引起咳嗽、吞咽困难、支气管炎、肺炎，偶尔引起肺水肿。对眼和皮肤有刺激作用。误服者口、咽、食管和胃部出现灼烧感、上腹疼痛、呕吐、腹泻和肝肾功能损害等。可致癌、致畸形	吸入：迅速移至空气新鲜处，必要时给氧，可雾化吸入2%碳酸氢钠、地塞米松等。误服：可催吐并用温清水洗胃，然后可服少量稀碳酸铵或醋酸铵，使甲醛转化为毒性较小的六亚甲基四胺。皮肤接触：先用大量清水冲洗，再用稀碳酸氢钠溶液或肥皂水洗涤
甲基肼	吸入甲基肼蒸气可出现鼻、眼、咽喉部刺激症状，流泪、喷嚏、咳嗽，之后可见眼充血、支气管痉挛、呼吸困难，继之恶心、呕吐。皮肤接触引起灼伤。慢性长期吸入甲基肼蒸气可致轻度高铁血红蛋白形成，引起溶血	吸入：迅速转移至空气新鲜处，必要时给氧、进行人工呼吸。误服：立即漱口，饮牛奶或蛋清催吐，用大量清水洗胃。皮肤接触：脱去污染衣物，用清水或生理盐水冲洗皮肤至少15min。眼睛、皮肤灼伤可用稀硼酸溶液清洗，然后分别进行适当治疗
硫酸二甲酯	急性中毒：有眼和上呼吸道刺激症状。畏光、流泪、结膜充血、眼睑水肿或痉挛、咳嗽、胸闷、气急、发绀，还可发生喉头水肿或支气管黏膜脱落致窒息、肺水肿、成人呼吸窘迫综合征。误服灼伤消化道。还可致眼、皮肤灼伤	吸入：迅速脱离现场至空气新鲜处，保持呼吸道通畅，如呼吸困难，给氧；如呼吸停止，立即进行人工呼吸。误服：用water漱口，给饮牛奶或蛋清。皮肤接触：立即脱去污染的衣物，用大量流动清水冲洗。眼睛接触：立即提起眼睑，用大量流动清水或生理盐水彻底冲洗
尼古丁（烟碱）	作用于植物神经、中枢神经及运动神经末梢，先兴奋，后抑制。轻者头痛、恶心、腹痛、流涎、心动过速、心区疼痛、血压升高、呼吸加快、视听觉障碍等，重者抽搐频繁、精神错乱和虚脱，常死于呼吸和心脏停搏	吸入：呼吸新鲜空气，注意保暖，必要时给氧、进行人工呼吸。误服：立即漱口，催吐，用1:5000高锰酸钾溶液或1%~3%鞣酸溶液或浓茶水洗胃，促使烟碱沉淀，减少吸收。肠内残余烟碱可用硫酸镁导泻。皮肤接触：立即用大量清水或浓茶水和肥皂水彻底清洗干净
四乙基铅	剧烈神经毒物。急性中毒：头痛、头晕、全身无力、情绪不稳、植物神经紊乱、噩梦、健忘、兴奋或忧虑，伴有运动失调、肢体震颤、血压、体温、脉率三低症，严重者虚脱死亡。慢性中毒：神经衰弱综合征、三低症等	立即将患者移离现场，脱去污染衣物，用肥皂水或清水彻底清洗污染的皮肤、指甲和毛发。大量饮水、催吐，用稀硫代硫酸钠溶液洗胃。解毒可用巯乙胺肌内注射或缓慢静脉注射，以配合四乙基铅，或加入250mL 1%葡萄糖溶液中静脉滴注
丙烯腈	对呼吸中枢有直接麻醉作用。轻者出现头疼、乏力、恶心、呕吐、腹痛、腹泻及黏膜刺激症状。重者胸闷、意志丧失、呼吸困难、心悸、昏迷、大小便失禁、全身阵发性抽搐、发绀、心律失常，直至死亡	吸入：迅速转移至空气新鲜处，对呼吸困难者在给氧治疗的同时要进行人工呼吸(勿口对口)或吸入亚硝酸异戊酯。皮肤接触：用肥皂水和清水清洗。误服：用1:5000高锰酸钾溶液或5%硫代硫酸钠溶液洗胃，然后可灌入少量活性炭、硫酸钠，以吸附毒物，促进排泄

练习题答案

第一章 绪论

(一) 判断题

1/×，2/√，3/×，4/√，5/√，6/√，7/×，8/√，9/×，10/√

(二) 单选题

1/D，2/B，3/D，4/A，5/C

(三) 多选题

1/ABCD，2/BCDE，3/ABC，4/ABC，5/AB

第二章 危险化学品安全知识

(一) 判断题

1/×，2/×，3/√，4/√，5/√，6/√，7/√，8/√，9/√，10/√，11/√，12/×，13/√，14/×，15/√，16/√，17/√，18/√，19/√，20/×

(二) 单选题

1/C，2/A，3/A，4/B，5/A，6/B，7/B，8/C，9/A，10/A，11/C，12/D，13/A，14/D，15/C，16/A，17/D，18/B，19/A，20/B

(三) 多选题

1/ABC，2/ABCD，3/ABDEF，4/CD，5/BD，6/ABCD，7/ABD，8/ABD，9/ABD，10/ABCD，11/ABCD，12/ABC，13/ABCD，14/ABCD，15/AD，16/CD，17/ABCD，18/ABCD，19/ABCD，20/BC

第三章 实验室安全操作规范

(一) 判断题

1/×，2/×，3/√，4/√，5/×，6/×，7/×，8/√，9/√，10/×，11/√，12/√，13/×，14/√，15/√，16/×，17/×，18/√，19/√，20/√

(二) 单选题

1/D，2/B，3/D，4/C，5/B，6/B，7/C，8/A，9/D，10/A

(三) 多选题

1/ABCD，2/BCD，3/ABCD，4/ACD，5/ABCDE，6/ABD，7/ACD，8/ABCDE，9/

BCD，10/AB

第四章　消防安全知识

（一）判断题

1/√，2/×，3/√，4/√，5/√，6/√，7/√，8/√，9/×，10/×，11/√，12/√，13/√，14/√，15/√，16/√，17/√，18/√，19/√，20/×，21/√，22/√，23/√，24/√，25/√，26/√，27/√，28/√，29/√，30/√，31/√，32/√，33/√，34/√，35/√，36/√，37/√，38/√，39/√

（二）单选题

1/B，2/A，3/A，4/C，5/D，6/C，7/B，8/B，9/C，10/C，11/C，12/A，13/A，14/A，15/A

（三）多选题

1/ABCD，2/ABC，3/AC，4/ABC，5/ACDFG，6/ABC，7/ABCDE，8/ABCD，9/ABC，10/ABC，11/ABCD，12/BC，13/ABCD，14/ABCD，15/ABCD

第五章　实验室电气设备安全知识

（一）判断题

1/√，2/√，3/×，4/√，5/×，6/×，7/√，8/×，9/√，10/×

（二）单选题

1/C，2/C，3/A，4/A，5/B，6/D，7/A，8/C，9/A，10/A

（三）多选题

1/BC，2/ABC，3/AB，4/ABCE，5/BCD，6/ABC，7/ABDEF，8/AC，9/AD，10/BCD

第六章　实验室废弃物的处理

（一）判断题

1/√，2/√，3/×，4/√，5/√，6/√，7/√，8/√，9/×，10/×，11/√，12/×，13/√，14/√，15/×，16/√，17/×，18/√，19/√，20/×，21/×，22/×，23/√，24/×，25/√，26/×，27/√，28/√，29/×，30/√

（二）单选题

1/B，2/D，3/B，4/A，5/A，6/C，7/D，8/A，9/B，10/C，11/A，12/A，13/D，14/A，15/C，16/B，17/D，18/B，19/C，20/B，21/A，22/B，23/D，24/C，25/B

（三）多选题

1/ABC，2/BCD，3/ABC，4/AB，5/ABCD，6/ABCD，7/BCD，8/ABCD，9/ABC，10/ABCD

参 考 文 献

[1] 北京大学化学与分子工程学院实验室安全技术教学组. 化学实验室安全知识教程［M］. 北京：北京大学出版社，2012.
[2] 朱丽娜，孙晓志，弓保津，等. 高校实验室安全基础［M］. 天津：天津大学出版社，2020.
[3] 蔡乐. 高等学校化学实验室［M］. 北京：化学工业出版社，2020.
[4] 黄开胜. 清华大学实验室安全考试题集［M］. 北京：清华大学出版社，2018.
[5] 邵国成，张春艳. 实验室安全技术［M］. 北京：化学工业出版社，2020.
[6] 胡洪超，蒋旭红，舒绪刚，等. 实验室安全教程［M］. 北京：化学工业出版社，2021.
[7] 中华人民共和国固体废物污染环境防治法，2020.
[8] GB 18597—2023. 危险废物贮存污染控制标准.
[9] GB/T 31190—2014. 实验室废弃化学品收集技术规范.
[10] GB 6944—2012. 危险货物分类和品名编号.
[11] GB 13690—2009. 化学品分类和危险性公示　通则.
[12] 易制毒化学品的分类和品种目录，2021.
[13] 麻醉药品和精神药品管理条例，2016.